Ralph Kaste

KITA-Platz trotz Elterngeld

Typische Probleme aus dem Zusammenspiel von Job, Gesundheit und Familie

Kaste & Sohn Verlag

Inhalt:

3. Arbeit und Gesundheit

4. Arbeitsunfall als Problem

5.   Behinderung in Schule und Beruf

6.   Rente und Vorsorge

Vorwort

Statistisch betrachtet arbeiten inzwischen in 35 Prozent der Familien mit einem Kind unter drei Jahren, in der Mutter und Vater auch zusammenleben, beide Elternteile. Dabei ist Deutschland auch in diesem Bereich weiter zweigeteilt: In Ostdeutschland sind in jeder fünften Familie mit einem Kind unter drei Jahren beide Eltern Vollzeit beschäftigt, im Westen sind es nur sieben Prozent. Bei Familien mit Babys unter einem Jahr sind es nur sieben Prozent der Eltern, die beide berufstätig sind. Ab einem Kindesalter von zwei Jahren arbeiten in fast zwei Drittel der Familien wieder Mutter und Vater.

Die Ausübung einer beruflichen Tätigkeit ist nicht nur für die finanzielle Situation der Familie von großer Bedeutung. Sie bestimmt auch den zeitlichen Rahmen, der für das Familienleben zur Verfügung steht. Deshalb gibt es in Deutschland für Kinder ab dem vollendeten 1. Lebensjahr einen Rechtsanspruch auf den Kita-Platz.

Doch fehlen bereits seit Jahren bundesweit viele Betreuungsplätze für Kinder. Der Bedarf wächst stetig und viel zu lange wurden die Zeichen der Zeit förmlich verschlafen. Um die Betreuung aber überhaupt sicherstellen zu können, braucht es inzwischen auch schon ein Mehr an Personal.

Das Drama der mangelnden Ressourcen setzt sich konsequent auch in der Schule fort. Die Schulplätze werden zum raren Gut, dabei besteht unverändert eine staatlich verordnete Schulbesuchspflicht. Doch auch die Lehrerausbildung hat mit der Entwicklung nicht Schritt gehalten. Die Ergebnisse dieser fatalen Tendenzen zeigen sich spätestens im Berufsalltag, wo immer mehr Fachkräfte fehlen.

Eine moderne, nachhaltige Gesellschaft wird an den Aufwendungen gemessen, die der Nachwuchs erfährt. Hier entscheidet sich der Wohlstand der Zukunft. Versäumnisse, deren Aufarbeitung vernachlässigt wird, werden sich bitter rächen und sehr schnell existenzielle Fragen aufwerfen. Deren Lösung wiederum erfordert den Einsatz deutlich größerer Ressourcen, soweit sich überhaupt ein Ausweg aus den Dilemmata kreieren lässt. Zu allem Überfluss wird die Ressource Mensch bis heute nicht so behandelt, dass ihre Potenziale auch vollumfänglich und nachhaltig genutzt werden können.

Hinzu gesellen sich immer wieder Hürden, die das tägliche Miteinander weiter erschweren. Dabei könnte vieles deutlich geräuschloser vonstatten gehen. Doch das braucht Detailkenntnis: Der informierte Mensch kann mit den Problemen des Alltags recht gut umgehen, die Belastungen sinken damit deutlich, die Fokussierung auf das Wesentliche ist besser möglich.

Mit der hier vorliegenden Darstellung soll die Möglichkeit der Information geboten werden. Es geht um einige typische Konstellationen im Alltag, die im Zusammenhang mit Kindern, Familie und Gesundheit stehen. Es soll hier keine Gesamtdarstellung als Ratgeber für ein rundum perfektes Leben geliefert werden. Derlei wäre ohnehin vermessen. Vielmehr sind Lösungswege aufbereitet, die den thematischen Bogen von der KITA bis zur Rente schlagen.

Das Buch richtet sich an alle Interessierten, die immer wieder verlässlich miteinander auskommen müssen.

Ralph Kaste

1. Familie, KITA, Schule und der Job

Beschäftigungsverbot oder Arbeitsunfähigkeit

Schwangerschaft und Geburt gelten im Allgemeinen als freudige Anlässe. Für den involvierten Arbeitgeber wird das Ganze aber oft mit Beschwerlichkeiten, zusätzlichen Aufwendungen und erheblichen Kosten verbunden sein. Deshalb kommt es auch hier auf Detailfragen an. Eine davon ist immer wieder die zwingende Unterscheidung zwischen einem Beschäftigungsverbot und der bloßen Arbeitsunfähigkeit. Geht es doch hierbei vor allem um die Kostentragung.

In früheren Zeiten halfen bei diesem Thema weitreichende Beschäftigungsverbote. Damit konnte die Kostenfrage sehr galant gelöst werden. Der Arbeitgeber musste während der Zeit auf die Arbeitsleistung seiner schwangeren Arbeitnehmerin verzichten, die finanziellen Belastungen wurden durch die Regelung des § 1 Absatz 2 Aufwendungsausgleichsgesetz (AAG) reduziert. Damit können grundsätzlich alle entstehenden Aufwendungen bei der Krankenkasse der betreffenden Arbeitnehmerin zur Erstattung angemeldet werden.

Das nunmehr überarbeitete Mutterschutzgesetz ist seit Anfang 2018 in Kraft und schränkt diese Praxis erheblich ein. Danach darf ein Beschäftigungsverbot künftig nicht mehr gegen den Willen der Frauen ausgesprochen werden. Vorrang hat grundsätzlich die angepasste Gestaltung des Arbeitsplatzes oder das Angebot eines entsprechend alternativen Arbeitsplatzes. Nur wenn beide Maßnahmen erfolglos bleiben oder unmöglich sind, kann ein betriebliches Beschäftigungsverbot ausgesprochen werden.

Hintergrund des Ganzen ist die nunmehr zwingend erforderliche Gefährdungsbeurteilung des Arbeitsplatzes der Schwangeren. Das Mutterschutzgesetz definiert in § 1 Absatz 1 MuSchG, dass die Gesundheit der Frau und ihres Kindes am Arbeits-, Ausbildungs- und Studienplatz während der Schwangerschaft, nach der Entbindung und in der Stillzeit einem besonderen Schutz unterliegen. Das gilt natürlich zu jeder Zeit, wenn auch während einer Virus-Pandemie ganz besonders.

Hiervon unberührt bleibt allerdings auch weiterhin das Beschäftigungsverbot, welches durch ärztliches Attest zwingend verordnet wird. Dabei ist das individuelle Beschäftigungsverbot in der Schwangerschaft nicht mit einer Arbeitsunfähigkeit gleichzusetzen. Während der Arbeitgeber bei der Arbeitsunfähigkeit in den ersten sechs Wochen alle Kosten selbst tragen muss, kommt auch beim ärztlichen Beschäftigungsverbot das AAG zur Anwendung.

Zwar gibt es in § 1 Absatz 1 AAG auch das sogenannte Umlageverfahren, nach dem Arbeitgeber einen Prozentsatz ihrer Aufwendungen für die Entgeltfortzahlung erstattet bekommen. Allerdings ist das an die Betriebsgröße von maximal 30 Beschäftigten geknüpft und darüber hinaus an einen Erstattungshöchstbetrag von maximal 80 Prozent.

Das von einem Arzt verordnete Beschäftigungsverbot der werdenden Mutter löst aber nur dann einen Anspruch auf Zahlung von Mutterschutzlohn aus, wenn ein normaler Schwangerschaftsverlauf vorliegt. Verläuft die Schwangerschaft hingegen anomal und ist von Beschwerden oder krankhaften Störungen begleitet, so handelt es sich um eine Krankheit im arbeitsrechtlichen Sinne. Krankheitsbedingte Arbeitsunfähigkeit und das Vorliegen eines Beschäftigungsverbots schließen sich nach der Rechtsprechung des Bundesarbeitsgerichts gegenseitig aus (BAG, AZ: 5 AZR 588/00).

Im Fall der Arbeitsunfähigkeit hat die Schwangere also zunächst Anspruch auf Entgeltfortzahlung, anschließend auf Krankengeld. Im Fall eines individuellen Beschäftigungsverbots hat sie hingegen Anspruch auf Mutterschutzlohn.

Einen gänzlich anderen Zeitraum deckt hingegen das Mutterschaftsgeld ab. Es umfasst lediglich die Zeit des gesetzlichen Beschäftigungsverbotes, die das Mutterschutzgesetz zwingend vorschreibt. Diese beginnt sechs Wochen vor dem errechneten Geburtstermin und endet acht Wochen nach der Geburt. Auch hier wird der Arbeitgeber wieder zur Kasse gebeten. Er muss den Differenzbetrag zwischen den täglich gezahlten 13 Euro und dem tatsächlichen Verdienst aufbringen. Die Erstattung wird ihm auch dafür über § 1 Absatz 2 AAG gesichert.

Mutterschaftsgeld - Anspruch, Antrag, Höhe

Der Mutterschutz ist in Deutschland 2018 neu geregelt worden. Nach immerhin 65 Jahren Geltungsdauer wurde dieses Schutzgesetz endlich den zeitlichen Gegebenheiten angepasst. Seither ist der geschützte Personenkreis deutlich erweitert und auch das Mitspracherecht auf moderne Fü.e gestellt. Doch daneben können die werdenden Mütter auch Geld beanspruchen, das sogenannte Mutterschaftsgeld. Die gesetzliche Grundlage hierfür findet sich in § 24i SGB V. Wer dabei welchen Anspruch besitzt und in welcher Höhe,darüber gibt es oft noch verwirrende Ansichten. Nachfolgend also ein kurzer Überblick:

Während der gesetzlichen Schutzfrist, 6 Wochen vor und 8 Wochen nach der Geburt, müssen werdende Mütter nicht mehr arbeiten. In dieser Zeit erhalten sie Mutterschaftsgeld von ihrer gesetzlichen Krankenkasse und einen Zuschuss vom Arbeitgeber. Die Krankenkasse zahlt bis zu 13 Euro pro Kalendertag. Allerdings nur auf Antrag. Dieser ist so früh wie möglich zu stellen. Am besten schon dann, wenn der Arzt den voraussichtlichen Geburtstermin bescheinigt hat.

Der Arbeitgeber muss zusätzlich einen Ausgleich für den Verdienstausfall in dieser Zeit schaffen. Bemessungszeitraum für den Zuschuss ist der durchschnittliche Verdienst der letzten 3 Monate vor Beginn der Mutterschutzfrist. Zusammen mit dem Mutterschaftsgeld muss dieses durchschnittliche Netto-Monats-Entgelt auch für die Zeit der Schutzfrist erreicht werden. Auch dem Arbeitgeber gegenüber muss der entsprechende Antrag so früh wie möglich eingereicht werden.

Bei Früh- und Mehrlingsgeburten verlängert sich die Zeit des Anspruchs auf bis zu zwölf Wochen nach der Entbindung. Mütter, die sich noch in Elternzeit befinden und wieder schwanger sind, haben auch Anspruch auf 13 Euro Mutterschaftsgeld pro Kalendertag von der gesetzlichen Krankenkasse. Ein Zuschuss des Arbeitgebers bleibt in diesem Falle allerdings aus.

Alle privat versicherten Mütter hingegen erhalten kein Mutterschaftsgeld von ihrer Krankenkasse. Auf einen entsprechenden Antrag hin zahlt aber das Bundesversicherungsamt einmalig bis zu 210 Euro. Daneben ist der Arbeitgeberzuschuss fällig, der entsprechend größer ausfällt.

Soweit die werdenden Mütter keiner Beschäftigung nachgehen und familienversichert sind, erhalten diese von der Krankenkasse auch kein Mutterschaftsgeld. Auch sie können aber eine Einmalzahlung über 210 Euro beim Bundesversicherungsamt beantragen.

Entgegen vieler Behauptungen erhalten auch geringfügig Beschäftigte Mutterschaftsgeld, sofern sie selbst gesetzlich versichert sind. Liegt der bisherige Netto-Verdienst dabei höher als 390 Euro (13 Euro x 30 Kalendertage), muss der Arbeitgeber auch hier die Differenz bezuschussen. Wer als geringfügig Beschäftigte familienversichert ist, erhält vom Bundesversicherungsamt auf Antrag bis zu 210 Euro als Einmalzahlung. Diese Regelungen gelten ebenso für Studentinnen.

Empfängerinnen von Arbeitslosengeld I haben auch Anspruch auf Mutterschaftsgeld. Sie erhalten in Summe genauso viel wie bisher. Allerdings zahlt hier die Krankenkasse und nicht das Arbeitsamt

Einzig Empfängerinnen von Bürgergeld haben keinen Anspruch auf Mutterschaftsgeld. Auch die Zahlung des Bundesversicherungsamtes ist ihnen verwehrt. Allerdings können diese bei der Agentur für Arbeit ab der 13. Schwangerschaftswoche Mehrbedarf wegen Schwangerschaft anmelden. Dieser beträgt 17 Prozent des maßgebenden Regelbedarfs. Zusätzlich können einmalige Leistungen für notwendige Ausstattungen beantragt werden.

Verschwiegene Schwangerschaft als Risiko

Das Allgemeine Gleichbehandlungsgesetz (AGG) ist allgegenwärtig. Nicht jedem gereichen die Regelungen dabei zum Vorteil, vor allem Arbeitgebern nicht. Schon gar nicht, wenn es um das Thema Schwangerschaft geht. So ist gemäß § 7 Abs.1 AGG festgeschrieben, dass Beschäftigte nicht wegen eines in § 1 AGG genannten Grundes benachteiligt werden dürfen. Der § 1 AGG regelt unter anderem, dass eine Benachteiligung wegen des Geschlechts zu verhindern oder zu beseitigen ist.

Mit der Frage nach einer Schwangerschaft, die naturgemäß nur Frauen im Vorstellungsgespräch gestellt wird, ist die Bewerberin gegenüber einem männlichen Kandidaten benachteiligt.
Da ihm die Frage naturgemäß nicht gestellt wird, können ihm auch keine negativen Folgen aus einer unterlassenen oder wahrheitsgemäßen Beantwortung entstehen. Die Frage nach einer bestehenden Schwangerschaft im Rahmen einer Bewerbung verstößt daher gegen das Diskriminierungsverbot des § 7 Abs.1 AGG und ist deshalb unzulässig. Bei unzulässigen Fragen ist die betroffene Bewerberin grundsätzlich nicht verpflichtet, darauf wahrheitsgemäß zu antworten. Sie kann durchaus von einem Recht zur Lüge Gebrauch machen. Dies hat das oberste deutsche Arbeitsgericht für Fälle dieser Art den Betroffenen zugebilligt. Der Arbeitgeber kann einen so zustande gekommenen Arbeits-

vertrag also im Nachhinein nicht wegen einer arglistigen Täuschung im Bewerbungsverfahren anfechten.

Auf der anderen Seite vermag dieser Umstand aber auch, ihn deutlich in die Bredouille zu bringen. Salopp ausgedrückt: Es droht die klassische Schwangerschaftsfalle. So unter anderem auch geschehen in Berlin, weshalb sich das Landesarbeitsgericht damit zu befassen hatte (LAG Berlin-Brandenburg, Az. 9 Sa 917/16).

Die dort streitenden Parteien hatten im November 2015 ein Arbeitsverhältnis beginnend zum 1. Januar 2016 vereinbart. Im Dezember 2015 wurde aufgrund einer Risikoschwangerschaft der Arbeitnehmerin ein ärztliches Beschäftigungsverbot erteilt. Zum Arbeitsantritt ist es also nicht gekommen. Die Arbeitnehmerin forderte dennoch unter Berufung auf § 18 Mutterschutzgesetz den Lohn, den sie bei Arbeitsaufnahme ab Januar 2016 erhalten hätte. Der Arbeitgeber lehnte dies mit dem Hinweis auf die zu keinem Zeitpunkt erfolgte tatsächliche Arbeit der Arbeitnehmerin ab.

Das Landesarbeitsgericht Berlin-Brandenburg hat der Arbeitnehmerin die geforderten Beträge zugesprochen. Der Anspruch auf Arbeitsentgelt bei Beschäftigungsverboten setzt keine vorherige Arbeitsleistung voraus. Es kommt nur auf ein vorliegendes Arbeitsverhältnis an, welches sich hier allein aufgrund eines Beschäftigungsverbotes ohne Arbeitsleistung gestaltete. Der Arbeitgeber werde dadurch nicht unverhältnismäßig belastet, weil er die zu zahlenden Beträge aufgrund des Umlageverfahrens in voller Höhe erstattet erhält. Anders als bei der Entgeltfortzahlung im Krankheitsfall, kennt das Mutterschutzgesetz auch keine

Regelung, dass der Anspruch auf Zahlung erstmals nach vierwöchigem Bestehen des Arbeitsverhältnisses entsteht. Auch § 15 Absatz 1 MuSchG rechtfertigt kein anderes Ergebnis. Das hatte das Bundesarbeitsgericht bereits in einem ähnlich gelagerten Fall entschieden. Die Vorschrift enthält demnach keine gesetzlich verbindliche Pflicht für die Betroffene, ihren Zustand zu offenbaren. Die Sollvorschrift stellt lediglich eine Empfehlung an die Frau dar, im eigenen Interesse dem Arbeitgeber die Schwangerschaft frühestmöglich bekannt zu machen. Dies wiederum trägt allein dem dann zu beachtenden Mutterschutz Rechnung.

Die schwangere Schwangerschaftsvertretung

Juristen betrachten Lebenssachverhalte unter dem Gesichtspunkt, ob und wie sich das Geschehene in bestimmte Rechtssätze und deren Tatbestände einordnen lässt. Subsumtion nennt man das, was die Angelegenheit manchmal auch schwierig macht. Präzise Formulierungen und verschiedene Wege der Auslegung sollen letztlich immer dem Recht zur Geltung verhelfen. Richter und Anwälte sind dabei nur selten gleicher Auffassung. Wem die Argumentation am plausibelsten gelingt, der obsiegt in einem Rechtsstreit. Dass Juristen es aber an dieser beruflichen Präzision mangeln lassen, wenn es ihre eigenen Angelegenheiten betrifft, das mag erstaunen. So geschehen im Fall einer schwangeren Schwangerschaftsvertretung.

In dem zu Grunde liegenden Fall hatte eine Rechtsanwaltskanzlei eine Rechtsanwaltsfachangestellte befristet als Schwangerschaftsvertretung eingestellt. Einen Monat nach

Tätigkeitsaufnahme teilte diese ihrem neuen Arbeitgeber mit, dass sie auch schwanger ist und informierte ihn darüber, dass der errechnete Geburtstermin in sechs Monaten sei.

Die Rechtsanwälte witterten darin eine arglistige Täuschung und erklärten die Anfechtung des Vertrages aus diesem Grund. Bereits bei Abschluss des Arbeitsvertrages hätte die Fachangestellte sich offenbaren müssen, zumal der Zweck ihrer befristeten Beschäftigung eben die Vertretung wegen Schwangerschaft der Stelleninhaberin sein sollte.

Gegen diese Anfechtung ging die schwangere Schwangerschaftsvertretung mit einer Klage vor und das Arbeitsgericht Bonn gab ihr recht. Die Richter entschieden, dass das Arbeitsverhältnis nicht durch die Anfechtung des Arbeitgebers beendet worden ist, weil die Rechtsanwaltsfachangestellte mangels entsprechender Aufklärungspflicht keine arglistige Täuschung begangen haben kann.

Gegen diese Entscheidung legten die Anwälte der Kanzlei Berufung ein, allerdings ohne Erfolg. Das Landesarbeitsgericht Köln folgte der vorherigen Entscheidung vollumfassend (LAG Köln 6 Sa 641/12). Danach war die Betroffene bei Vertragsschluss nicht verpflichtet, das Bestehen einer Schwangerschaft zu offenbaren. Das Verschweigen von Tatsachen stellt nur dann eine Täuschung dar, wenn gerade dazu eine Aufklärungspflicht besteht.

Bei unzulässigen Fragen ist die betroffene Bewerberin nicht einmal verpflichtet, auch wahrheitsgemäß zu antworten. Sie kann durchaus von einem Recht zur Lüge Gebrauch machen, was auch das Bundesarbeitsgericht für Fälle dieser Art den Betroffenen zubilligt. Der Arbeitgeber kann den Arbeitsvertrag also im Nachhinein nicht wegen einer arglistigen Täuschung im Bewerbungsverfahren anfechten.

Grund dafür ist eine offenkundige Diskriminierung des weiblichen Geschlechts bei Fragen nach einer Schwangerschaft. Ein Mann bekäme derlei Fragen naturgemäß nie gestellt. Die Einstellung eines männlichen Bewerbers könnte daher nie an einer Schwangerschaft scheitern. Die Frage nach einer bestehenden Schwangerschaft im Rahmen einer Bewerbung verstößt daher gegen das Diskriminierungsverbot des § 7 Abs.1 AGG und ist deshalb unzulässig.

Die unmittelbar diskriminierende Wirkung haben die Anwälte selbst bestätigt, indem sie ausführten, die Klägerin wäre nicht eingestellt worden, wenn diese sich bei Vertragsunterzeichnung zu ihrer Schwangerschaft bekannt hätte. Ein Rechtsmissbrauchs war im vorliegenden Fall aber auch nicht anzunehmen. Immerhin hatte die Arbeitnehmerin die Arbeit aufgenommen und bis zum Streit über die Schwangerschaft klaglos ausgeführt.

Für die beteiligten Juristen dürfte das Ergebnis also von vornherein klar gewesen sein. Insofern überraschte der Weg in die zweite Instanz selbst das Gericht. Es gibt auf diesem Gebiet keine absolute Sicherheit. Alle Erwägungen, das Risiko der erneuten Einstellung einer schwangeren Schwangerschaftsvertretung zu minimieren, bewegen sich mindestens auf dem Boden der Unzulässigkeit. Die gezielte Suche nach einem Mann oder nach einer nicht schwangeren Frau beispielsweise, wäre wieder ein klarer Verstoß gegen das Allgemeine Gleichbehandlungsgesetz (AGG).

Kündigung bei Unkenntnis der Schwangerschaft?

Die Fragen nach einer Schwangerschaft im Bewerbungsgespräch sind unzulässig. Das resultiert aus dem Diskriminierungsverbot des § 7 Abs.1 AGG. Deshalb ist hier auch die Lüge unschädlich und kann nicht mit einer Kündigung geahndet werden.

Die Schwangerschaft selbst steht unter einem besonderen Schutz. Nach § 17 Abs. 1 S. 1 Nr. 1 MuSchG ist die Kündigung gegenüber einer Frau während ihrer Schwangerschaft unzulässig, wenn dem Arbeitgeber zum Zeitpunkt der Kündigung die Schwangerschaft bekannt ist oder sie ihm innerhalb von zwei Wochen nach Zugang der Kündigung mitgeteilt wird. Dabei kann diese Mittteilung auch noch nach der Zwei-Wochen-Frist erfolgen, soweit die Schwangere die Verspätung nicht zu vertreten hat und das Ganze unverzüglich nachholt.

Nun ist das mit der Schwangerschaft nicht immer von vornherein eine glasklare Sache. Manchmal dauert die Unkenntnis auch bei der Frau etwas länger an. Gründe dafür gibt es reichlich. Insofern ist es natürlich für die Anwendung des gesetzlichen Schutzes unerlässlich, den Beginn der Schwangerschaft entsprechend zu präzisieren. Der Schutz soll ja ausdrücklich der Schwangerschaft gelten und nicht vordergründig sich an der positiven Kenntnis orientieren. Diese gesetzliche Lücke auszufüllen obliegt der Rechtsprechung. Deshalb beschäftigte sich auch das Bundesarbeitsgericht mit einer derartigen Konstellation (BAG, AZ: 2 AZR 11/22).

In dem dort behandelten Fall hatte ein Arbeitgeber das erst wenige Wochen bestehende Arbeitsverhältnis mit einer Arbeitnehmerin ordentlich mit Schreiben vom 06.11.2020 gekündigt. Dagegen erhob die Betroffene Kündigungsschutzklage vor dem Arbeitsgericht. Doch diese wurde darauf gestützt, dass es an einer ordnungsgemäßen Beteiligung des Betriebsrates gemangelt hätte.

Etwa drei Wochen später wurde erweiternd mitgeteilt, dass die Arbeitnehmerin in der sechsten Woche schwanger sei. Eine entsprechende Bestätigung der Frauenärztin war dem Schriftsatz des beauftragten Anwalts beigefügt. Parallel hierzu wurde der Arbeitgeber über die Schwangerschaft informiert. Dabei gab sie an, selbst erst am 26.11.2020 von ihrer Frauenärztin entsprechend in Kenntnis gesetzt worden zu sein.

Der voraussichtliche Geburtstermin war von der Ärztin auf den 05.08.2021 datiert worden. Das wiederum war für die zunächst entscheidende Berufungsinstanz ausreichend, um die Kündigung als rechtmäßig gelten zu lassen. Nach dortiger Rechtsauffassung war die Betroffene zum Zeitpunkt der Kündigung noch nicht schwanger. Begründet wurde das mit der durchschnittlichen Dauer einer Schwangerschaft von 266 Tagen, ausgehend vom errechneten Geburtstermin.

Doch dieser Auffassung folgte das Bundesarbeitsgericht nicht. Dort ist man der Auffassung, dass eine Schwangerschaft 280 Tage dauert. Danach befand sich die Betroffene bei Zugang der Kündigung bereits in der Schwangerschaft. Folglich unterlag sie bereits dem Schutz des § 17 Abs. 1 S. 1 Nr. 1 MuSchG.

Mit diesem rechtlichen Hinweis des obersten deutschen Arbeitsgerichts wurde der Rechtsstreit zur Entscheidung an die Berufungsinstanz zurückverwiesen. Dort muss man nun lediglich noch prüfen, ob die verspätete Mitteilung der Schwangerschaft an den Arbeitgeber nach Ablauf der gesetzlichen Zwei-Wochen-Frist von der Betroffenen zu vertreten war, d.h., ob ihr wegen der verspäteten Mitteilung an den Arbeitgeber Vorsatz oder Fahrlässigkeit zur Last gelegt werden kann.

Teurer Fehler beim Antrag auf Elternzeit

Die Geburt eines Kindes ist eines der prägendsten Ereignisse für die Eltern. Umso verständlicher erscheint der Drang, dem jungen Leben vorerst nicht von der Seite weichen zu wollen. Dieser Wunsch muss aber auch in Einklang mit Job und Arbeitgeber gebracht werden, denn der eigene Nachwuchs soll nicht zum Jobkiller werden. Dafür gibt es die gesetzlich verbriefte Möglichkeit der Elternzeit, geregelt im Gesetz zum Elterngeld und zur Elternzeit (BEEG). Der Erstantrag bedarf keiner Zustimmung durch den Arbeitgeber.

Denn hier gilt, dass Arbeitnehmer, die Elternzeit beanspruchen möchten, dies nach § 16 Absatz 1 Bundeselterngeld- und Elternzeitgesetz (BEEG) spätestens 7 Wochen vor Beginn der Elternzeit schriftlich vom Arbeitgeber verlangen müssen. Gleichzeitig ist eine Erklärung erforderlich, für welchen Zeitraum innerhalb von zwei Jahren diese Elternzeit genommen werden soll. An diese Festlegung sind sie gebunden.

In der Praxis passiert es immer wieder, dass Eltern ihr Elternzeitverlangen zwar schriftlich abgegeben hatten, dies aber nur per Fax oder E-Mail übermittelten. Ein solcher Antrag ist aber nach einer Entscheidung des Bundesarbeitsgerichts (BAG) unwirksam. Das BAG hat in einem grundlegenden Urteil (9 AZR 145/15) klargestellt, dass ein Elternzeitverlangen, also die erstmalige Beantragung, der strengen Schriftform des § 126 BGB unterliegt. Das bedeutet, dass ein rechtlich wirksames Elternzeitverlangen auch eine eigenhändige Unterschrift des Beschäftigten erfordert. Dem Arbeitgeber ist demnach das Original des unterschriebenen Antrags zu übergeben oder zu übersenden.

Grund dafür ist, dass der Sonderkündigungsschutz nach § 18 BEEG, also das Verbot, einem Beschäftigten während der Elternzeit zu kündigen, ein wirksames Verlangen der Elternzeit voraussetzt. Fehlt dem Schreiben des Arbeitnehmers die notwendige Unterschrift im Original, ist der Arbeitgeber nicht gehindert, das Arbeitsverhältnis zu kündigen. Es fehlt an der rechtlichen Wirksamkeit des Verlangens.

Allerdings kann sich ein Arbeitgeber auf die Unwirksamkeit des Elternzeitverlangens nach dem Grundsatz von Treu und Glauben nicht mehr berufen, wenn er das Fernbleiben des Beschäftigten von der Arbeit geduldet hat, mit dem Wissen um eine beanspruchte Elternzeit. Auch nach einer schriftlichen oder mündlichen Bestätigung der Elternzeit verhält sich ein Arbeitgeber treuwidrig, wenn er unter Berufung auf die fehlende gesetzliche Schriftform des Elternzeitverlangens später eine Kündigung ausspricht.

In dem der Entscheidung des BAG zugrunde liegenden Sachverhalts hatte eine junge Mutter die Elternzeit per Fax beim Arbeitgeber geltend gemacht. Der Arbeitgeber kündigte wenig später ihr Arbeitsverhältnis. Die ersten Instanzen gaben der Klage der jungen Mutter statt, die sich auf den besonderen Kündigungsschutz während der Elternzeit stützte. Das Bundesarbeitsgerichts hob die Urteile der Vorinstanzen auf und erachtete dagegen die Kündigung als wirksam. Denn nur in seltenen Ausnahmefällen sei es dem Empfänger eines Schriftstücks untersagt, sich auf die nicht eingehaltene Form zu berufen. Diese besonderen Voraussetzungen hat das Bundesarbeitsgericht in dem entschiedenen Fall als nicht vorhanden angesehen.

Entscheidet man sich nach Ablauf der zweijährigen Bindungsfrist für eine nahtlose Verlängerung der Elternzeit, so muss auch diese dem Arbeitgeber 7 Wochen schriftlich vorher angezeigt werden. Er muss sich schließlich auch auf diesen Umstand planerisch einrichten können.

Teilzeit in der Elternzeit - Konsens oder Anspruch

Sobald sich Nachwuchs ankündigt, gibt es so einiges zu organisieren. Schließlich soll das Nest rechtzeitig und bestmöglich bereitet sein. Ohne Zweifel gehört für viele werdende Eltern heute die gesetzlich verbriefte Möglichkeit der Elternzeit dazu, geregelt im Gesetz zum Elterngeld und zur Elternzeit (BEEG). Der bisherige Job und damit eine weithin gesicherte Zukunft sollen das solide Fundament der wachsenden Familie bilden. Danach hat jeder Beschäftigte, auch Beschäftigte zur Berufsausbildung und Heimarbeiter, das Recht, für die Erziehung und Betreuung des Nachwuchses auf bestimmte Zeit aus dem Job auszusteigen. Dieser Rechtsanspruch ist nicht verhandelbar, er kann also nicht per Vertrag ausgeschlossen werden. Während der Elternzeit ruhen die Pflichten aus dem Arbeitsverhältnis. Man ist also für die vereinbarte Zeit von der Arbeitsleistung freigestellt, erhält aber umgekehrt auch keinen Lohn.

Damit aber die finanzielle Basis in dieser Zeit nicht allein vom Elterngeld abhängt, entscheiden sich immer mehr Eltern für eine Teilzeitarbeit während der Elternzeit. Diese Möglichkeit besteht immerhin in einem Umfang von bis zu 32 Wochenstunden. Dies gilt auch bei gleichzeitiger Elternzeit beider Elternteile und für jeden Einzelnen.

Auf der anderen Seite gibt es dann noch die Interessen des Arbeitgebers. Auch damit muss das Wollen der jungen Eltern in Einklang gebracht werden. Viele Arbeitgeber planen von vornherein mit sogenannten Elternzeitvertretungen. Eine vorzeitige Rückkehr an den Arbeitsplatz würde also die organisatorische Planung gehörig durcheinanderbringen. Doch damit nicht genug. Ändern die Mitarbeiter in Elternzeit danach auch noch mehrfach den vereinbarten Stundenumfang ihrer Teilzeitarbeit, steigt der Aufwand betrieblicher Prozesse erheblich. Aus diesem Grund hat der Gesetzgeber dem Anspruch auf Veränderung der Stundenzahl in der Elternzeit enge Grenzen gesetzt. Das Ganze soll hiernach nur zweimal geltend gemacht werden können.

Doch nicht jede Einigung mit dem Arbeitnehmer über den Umfang und die Verteilung der wöchentlichen Stundenzahl während der Elternzeit wird auf diesen Anspruch angerechnet.

Das BEEG geht hinsichtlich der Teilzeitbeschäftigung während der Elternzeit zunächst vom sog. Konsensprinzip aus: Nach § 15 Absatz 5 BEEG kann der Arbeitnehmer eine Verringerung der Arbeitszeit und ihre Ausgestaltung beantragen. Dazu bedarf es keiner besonderen Form. Allerdings muss die Einigung innerhalb von 4 Wochen erfolgt sein.

Kommt eine solche Einigung im Konsensverfahren nicht zustande, so kann der Arbeitnehmer das Anspruchsverfahren nach § 15 Absatz 6 und Absatz 7 BEEG bemühen. Danach haben Eltern zweimal Anspruch auf Verringerung der Arbeitszeit. Der Antrag muss dabei schriftlich erfolgen und das Angebot zur Verringerung der Arbeitszeit sollte für den Arbeitgeber zumindest annahmefähig sein.

Zusätzlich braucht es noch ein paar grundlegende Voraussetzungen, die für ein Anspruchsverfahren unbedingt erfüllt sein müssen: So ist insbesondere die Größe des Unternehmens relevant. Zur Geltendmachung des Anspruchs müssen dort regelmäßig mehr als 15 Arbeitnehmer beschäftigt sein. Weiterhin muss das eigene Arbeitsverhältnis im Unternehmen schon länger als 6 Monate und ohne Unterbrechung bestehen. Die Vereinbarung des Stundenumfangs soll eine Mindestdauer von 2 Monaten umfassen. Der Teilzeitwunsch selbst muss 7 Wochen, bei einer Elternteilzeit bis zum dritten Geburtstag des Kindes, bzw. 13 Wochen, bei einer Elternteilzeit zwischen dem dritten und achten Geburtstag des Kindes, vor Beginn der Teilzeit unter Angabe des Stundenumfangs schriftlich geltend gemacht werden. Schlussendlich dürfen dem Vorhaben keine dringenden betrieblichen Gründe entgegenstehen.

Der Arbeitgeber muss sich mit der Verpflichtung einer Elternzeitvertretung also nach den Wünschen seiner Mitarbeiter richten und darf das Ganze nicht ins Gegenteil verkehren. Eine Ablehnung des Wunsches aus dringenden betrieblichen Gründen kann sich demnach nicht auf organisatorische Probleme mit eben dieser Vertretung stützen.

Planung und tatsächliche Abläufe stimmen gerade bei jungen Eltern nicht immer dauerhaft überein. Nicht selten bedarf es in den ersten Lebensjahren des Nachwuchses einer gewissen Flexibilität. Nicht alles ist vorhersehbar bei der Geburt eines Kindes. Deshalb ist es auch nur konsequent, dass Eltern ihren Anspruch auf Teilzeit auch dann noch zweimal durchsetzen können, wenn es zuvor bereits eine Konsenslösung zur Elternzeit gab, so das Bundesarbeitsgericht (BAG, 9 AZR 461/11).

Das bedeutet im Umkehrschluss allerdings für Arbeitgeber, dass sie im Umgang mit dem Konsensverfahren durchaus restriktiv umgehen könnten. Soweit eine mehr als zweimalige Veränderung der Stundenzahl während der Elternzeit vermieden werden soll, wird sich der Arbeitgeber nicht auf eine einvernehmliche Regelung zur Teilzeit in der Elternzeit einlassen. Betroffene Arbeitnehmer wären dann bei diesen (vorsichtigen) Arbeitgebern von vornherein auf das Anspruchsverfahren nach § 15 Absatz 6 und Absatz 7 BEEG verwiesen und könnten ihre Stundenzahl während der Elternzeit höchstens zweimal verändern.

Knifflig: Elternzeit und Urlaubsanspruch

Juristen haben generell die Angewohnheit, auf spezielle Rechtsfragen etwas kryptisch zu antworten. Da heißt es oft: "Es kommt darauf an". Diese Reaktion bekommen sie bereits ganz am Anfang ihres Studiums vermittelt. Worauf es ankommt, das führt ein kommunikativer Jurist anschließend auch in verständlicher Weise aus. In der Regel ist es immer der zugrunde liegende Sachverhalt, der diese Antwort generiert. Seine ganz spezielle Konstellation erfordert immer eine darauf abgestimmte rechtliche Wertung. So auch beim Urlaubsanspruch in der Elternzeit.

Nach § 1 Bundesurlaubsgesetz (BUrlG) hat jeder Arbeitnehmer Anspruch auf bezahlten Erholungsurlaub. Bei einer Fünf- Tage- Arbeitswoche beträgt dieser Anspruch mindestens 20 Arbeitstage im Jahr. Doch gilt derlei auch während der Elternzeit? Schließlich ruht in dieser Periode das Arbeitsverhältnis nur und ist keinesfalls beendet.

Genau deshalb erwerben Beschäftigte auch weiterhin den vollen Urlaubsanspruch und bis zum Beginn der Elternzeit nicht genommener Urlaub bleibt weiter erhalten. Die nur begrenzt mögliche Übertragung von Resturlaub ins Folgejahr gilt nicht während der Elternzeit. Wird die Elternzeit beispielsweise wegen einer weiteren Geburt nahtlos fortgesetzt, kann sich weiterer Urlaub ansammeln. Erst nach dem Ende einer Elternzeit kann dann vorhandener Urlaub wieder nach den allgemeinen Regeln verfallen.

Allerdings hat der Arbeitgeber die Möglichkeit, den Urlaubsanspruch für Beschäftigte in Elternzeit für jeden vollen Monat der in Anspruch genommenen Elternzeit um jeweils ein Zwölftel zu kürzen. Hierzu bedarf es einer eindeutigen Kürzungserklärung von seiner Seite. Grundlage dafür ist § 17 Bundeselterngeld-und Elternzeitgesetz (BEEG). Die Betonung liegt hier ausdrücklich auf dem „vollen" Monat Elternzeit. Beginnt oder endet die Elternzeit während eines Monats, zählen diese Monate generell nicht mit (BAG, 9 AZR 197/10).

Die Erklärung kann mündlich, schriftlich oder auch in bloßer Textform als E-Mail erfolgen. Um einem möglichen Streit vorzubeugen, sind Schriftlichkeit und der Nachweis des Zugangs angeraten. Diese Möglichkeit der Kürzung ist mit EU-Recht vereinbar und die diesbezügliche Erklärung kann auch sofort nach Zugang des Antrags auf Elternzeit erfolgen (BAG, 9 AZR 362/18). Die Kürzungserklärung kann der Arbeitgeber sogar noch nach dem Ende der Elternzeit abgeben.

Ist allerdings das Arbeitsverhältnis selbst bereits beendet, dann kommt eine solche Erklärung zu spät. Nicht mehr beschäftigte Arbeitnehmer müssen keine rückwirkende Kürzung hinnehmen. Den bis zur Beendigung des Arbeitsverhältnisses nicht genommenen Urlaub muss der Arbeitgeber in diesen Fällen abgelten. Bei langer Elternzeit kann dieser Betrag erheblich sein (BAG, 9 AZR 725/13).

Die Kürzungserklärung versagt auch, wenn Beschäftigte während der Elternzeit in Teilzeit arbeiten (§ 17 Abs. I S. 2 BEEG). Denn das gestattet ihnen das Gesetz. Diese Möglichkeit ist frei wählbar. Dann bleibt der volle Urlaubsanspruch erhalten. Allerdings folgt dieser Urlaubsanspruch der Anzahl der Arbeitstage pro Woche. Werden diese reduziert, dann verkleinert sich natürlich auch der Anspruch auf Urlaub. Auf die Anzahl der Stunden pro Arbeitstag hingegen kommt es dabei nicht an.

Etwas anderen Regeln hingegen folgt das Schicksal in Sachen Urlaubsanspruch beim Mutterschutz.
Beschäftigte im Mutterschutz sind von der Arbeit freigestellt. Die Zeiten des Mutterschutzes gelten dennoch als Beschäftigungszeit (§ 24 MuSchG). Deshalb erwerben Beschäftigte auch im Mutterschutz weiterhin Urlaubsansprüche. Anders als bei der Elternzeit ist eine Kürzung des Urlaubsanspruchs beim Mutterschutz aber nicht vorgesehen. Unmissverständlich bestimmt § 24 MuSchG darüber hinaus, dass eine Frau ihren vor Beginn eines Beschäftigungsverbots erworbenen Urlaub nach dessen Ende im laufenden oder im nächsten Urlaubsjahr beanspruchen kann. Ebenso wird während der Zeit des Mutterschutzes die Erfüllung der Wartezeit nicht unterbrochen.

Elternzeit-Verlängerung ohne Zustimmung

Der Rechtsanspruch auf Elternzeit ist unbestritten. Allerdings ist es für werdende Eltern nicht nur ein Gebot der Fairness, den Arbeitgeber in die Planungen rechtzeitig und umfassend mit einzubeziehen. Deshalb gilt, dass Arbeitnehmer, die Elternzeit beanspruchen möchten, dies nach § 16 Absatz 1 Bundeselterngeld- und Elternzeitgesetz (BEEG) spätestens 7 Wochen vor Beginn der Elternzeit schriftlich vom Arbeitgeber verlangen müssen. Gleichzeitig ist eine Erklärung erforderlich, für welchen Zeitraum innerhalb von zwei Jahren diese Elternzeit genommen werden soll. An diese Festlegung sind sie gebunden.

Doch der Anspruch auf Elternzeit endet bekanntlich nicht mit dem zweiten Geburtstag des Kindes. Vielmehr ist er bis zur Vollendung des dritten Lebensjahres des Kindes erweitert (§ 15 Absatz 2 BEEG). Es gibt für Eltern aber auch die Möglichkeit, zunächst nur einen Teil zu beanspruchen. Ein Anteil von bis zu 24 Monaten kann von ihnen auch noch zwischen dem dritten und dem achten Lebensjahr beansprucht werden.

Soll die Elternzeit nun innerhalb der ersten zwei Jahre verlängert werden, weil ein kürzerer Zeitraum gewählt wurde, so können Arbeitnehmer dies hiernach nicht allein entscheiden. Vielmehr ist zwingend die Zustimmung des Arbeitgebers notwendig. Das bestimmt § 16 Absatz 3 BEEG. Bleibt die spannende Frage, ob auch die nahtlose Verlängerung über die zwei Jahre hinaus der Genehmigung des Arbeitgebers bedarf.

Diese vom Gesetz nicht näher bestimmte Variante hatte vor einiger Zeit aber das Landesarbeitsgericht Berlin-Brandenburg in einem entsprechenden Fall zu entscheiden (LAG Berlin-Brandenburg Az: 21 Sa 390/18). Der Kläger hatte Elternzeit für zwei Jahre ab der Geburt des Kindes beantragt. Einige Monate nach der Geburt stellte er einen weiteren Antrag auf Elternzeit für ein weiteres Jahr, das sich direkt anschließen sollte. Dies wurde von der Arbeitgeberin abgelehnt.

Nach Auffassung der Richter müssen sich Eltern lediglich innerhalb der ersten zwei Jahre verbindlich auf die Dauer ihrer Elternzeit festlegen. Eine Aussage zu der restlichen Zeit enthalte die gesetzliche Regelung des § 16 Absatz 1 BEEG nicht. Die nahtlose Verlängerung der Elternzeit über die ersten beiden Lebensjahre eines Kindes hinaus ist demnach auch nicht von der Zustimmung des Arbeitgebers abhängig.

Aus dem Wortlaut und der Systematik des Gesetzes zum Elterngeld und zur Elternzeit (§ 16 BEEG) ergibt sich nach Auffassung des Gerichts nicht, dass innerhalb der ersten drei Lebensjahre eines Kindes nur die erstmalige Inanspruchnahme von Elternzeit zustimmungsfrei sein soll. Die Beschränkung der Bindungsfrist auf zwei Jahre spricht vielmehr dafür, dass Arbeitnehmer im Anschluss an diese wieder frei disponieren können. Hierfür spricht auch der vom Gesetzgeber verfolgte Zweck, Eltern durch die Beschränkung der Bindungsfrist mehr Entscheidungsflexibilität einzuräumen.

Neben dem Landesarbeitsgericht Berlin-Brandenburg haben auch schon andere Landesarbeitsgerichte diese Rechtsauffassung vertreten. Allerdings folgt daraus nicht, dass auch die Anzeigefrist gegenüber dem Arbeitgeber außer Acht gelassen werden darf. Entscheidet man sich nach Ablauf der zweijährigen Bindungsfrist also für eine nahtlose Verlängerung der Elternzeit, so muss auch diese dem Arbeitgeber 7 Wochen vorher angezeigt werden. Er soll sich schließlich auf den Umstand auch planerisch einrichten können.

Nichts ist unmöglich: Kündigung trotz Elternzeit

Sobald sich Nachwuchs ankündigt, gibt es so einiges zu organisieren. Schließlich soll das Nest rechtzeitig und bestmöglich bereitet sein. Ohne Zweifel gehört für viele werdende Eltern heute die gesetzlich verbriefte Möglichkeit der Elternzeit dazu, geregelt im Gesetz zum Elterngeld und zur Elternzeit (BEEG). Der bisherige Job und damit eine weithin gesicherte Zukunft sollen das solide Fundament der wachsenden Familie bilden. Danach hat jeder Beschäftigte, auch Beschäftigte zur Berufsausbildung und Heimarbeiter, das Recht, für die Erziehung und Betreuung des Nachwuchses auf bestimmte Zeit aus dem Job auszusteigen. Dieser Rechtsanspruch ist nicht verhandelbar, er kann also nicht per Vertrag ausgeschlossen werden.

Während der Elternzeit ruhen die Pflichten aus dem Arbeitsverhältnis. Man ist also für die vereinbarte Zeit von der Arbeitsleistung freigestellt, erhält aber umgekehrt auch keinen Lohn. Diese Regelung gilt für Mütter ebenso, wie für Väter. Diese können aber auch gleichzeitig Elternzeit nehmen oder kombinierte Varianten wählen.

Bei aller Vorfreude und der damit verbundenen Geschäftigkeit dürfen aber auch die Arbeitgeberinteressen nicht völlig vernachlässigt werden. Zwar steht der Schutz werdender Eltern im Mittelpunkt und der Kündigungsschutz ist sehr umfassend. Doch in einzelnen Ausnahmefällen ist eine Kündigung mit vorheriger Genehmigung der Aufsichtsbehörde durchaus möglich. Zum Ende der Elternzeit kann, unter Einhaltung einer Frist von drei Monaten, eine Kündigung sogar problemlos erfolgen.

Voraussetzung für den automatischen Kündigungsschutz ist, dass zum Zeitpunkt einer erteilten Kündigung die Voraussetzungen für eine Elternzeit bereits vorliegen. So beginnt der Kündigungsschutz in der Regel acht Wochen vor

Beginn der vereinbarten Elternzeit. Liegt der Zeitpunkt noch vor der Geburt des Kindes, so fängt die Frist acht Wochen vor dem errechneten Termin der Geburt an (BAG, 2 AZR 384/10).

Der Kündigungsschutz kann und darf natürlich nur so weit reichen, wie der Schutz der Eltern es erfordert. Die unternehmerische Entscheidungsfreiheit muss dem Arbeitgeber unbenommen bleiben. Diesen Grundsatz arbeitete beispielsweise auch das Landesarbeitsgericht Berlin-Brandenburg heraus, als es die Rechtmäßigkeit einer solchen Kündigung in der Elternzeit zu bewerten hatte. (LAG Berlin-Brandenburg, 16 Sa 1750/21).

Die klagende Arbeitnehmerin wehrte sich vor dem Arbeitsgericht gegen eine betriebsbedingte Kündigung, die ihr Arbeitgeber während der Elternzeit ausgesprochen hat. Die formellen Voraussetzungen der Kündigung waren eingehalten worden. Das hierfür zuständige Integrationsamt hatte einer Kündigung während der Elternzeit zugestimmt. Sowohl das Arbeitsgericht als auch das Landesarbeitsgericht hielten die Klage der Arbeitnehmerin für unbegründet. Nach Auffassung der Richter war der ursprüngliche Arbeitsplatz der Arbeitnehmerin durch eine zulässige unternehmerische Entscheidung weggefallen. Deshalb war eine Beschäftigung zu den bisherigen Bedingungen auch nicht mehr möglich. Der Arbeitgeber bot ihr daraufhin die Fortsetzung des Arbeitsverhältnisses zu geänderten Bedingungen an. Da die Klägerin das Änderungsangebot nicht angenommen hat, konnte das Arbeitsverhältnis durch die ausgesprochene Kündigung auch während der Elternzeit beendet werden. Auch in der Elternzeit gibt es demnach keinen absoluten Kündigungsschutz. Der Arbeitgeber bleibt in seinen unternehmerischen Entscheidungen weitestgehend frei.

Fallstricke bei der Rückkehr aus der Elternzeit

Die Planung der Elternzeit ist inzwischen zum Selbstverständnis geworden. Die gesetzliche Grundlage hierzu regelt viele Details (BEEG). Dennoch bleiben rechtliche Fallstricke, die man kennen sollte.

Nach dem Gesetz hat jede und auch jeder Beschäftigte, auch solche zur Berufsausbildung und Heimarbeiter, das Recht, für die Erziehung und Betreuung des Nachwuchses auf bestimmte Zeit aus dem Job auszusteigen. Dieser Rechtsanspruch ist nicht verhandelbar, er kann also nicht per Vertrag ausgeschlossen werden. Während der Elternzeit ruhen die wechselseitigen Hauptpflichten aus dem Arbeitsverhältnis, also die Pflicht zur Arbeitsleistung und die Pflicht zur Zahlung des Arbeitsentgelts. Ausgenommen davon sind natürlich diejenigen Beschäftigten, die auch während der Elternzeit in zulässigem Umfang eine Teilzeitbeschäftigung ausüben (§ 15 Absatz 4 BEEG).

Da das Arbeitsverhältnis formal aber fortbesteht, bleiben alle vertraglichen Nebenpflichten auch während der Elternzeit erhalten. Dazu gehört unter anderem, auf die wechselseitigen Interessen Rücksicht zu nehmen. Daneben besteht auch ein gesetzlicher Kündigungsschutz, so dass der Arbeitgeber das Arbeitsverhältnis ab dem Zeitpunkt, von dem an Elternzeit verlangt worden ist, höchstens jedoch acht Wochen vor Beginn der Elternzeit und während der Elternzeit nicht kündigen darf. Dies gilt sogar dann, wenn der Betrieb in Insolvenz gerät. Lediglich in einzelnen Ausnahmefällen, so beispielsweise bei der Betriebsauflösung, ist eine Kündigung mit vorheriger Genehmigung der Aufsichtsbehörde möglich. Dagegen ist eine Kündigung zum Ende der Elternzeit, unter Einhaltung einer Frist von drei Monaten, durchaus möglich.

Im Umkehrschluss bedeutet dies allerdings nicht, dass der Kündigungsschutz während der Elternzeit gleichbedeutend mit dem unbedingten Erhalt des bisherigen Arbeitsplatzes ist. Denn oft ist es so, dass nach dem Ende der Elternzeit gar kein Bedarf mehr an der Fortführung des jeweiligen Arbeitsverhältnisses in seiner bisherigen Form besteht. In manchen Fällen existiert die angestammte Stelle gar nicht mehr oder sie ist zwischenzeitlich mit einer Vertretung besetzt worden, die nunmehr dort auch bleiben soll. Dann ist der Konflikt vorprogrammiert, soweit sich das Dilemma nicht bereits schon im Vorfeld der vermeintlichen Rückkehr angekündigt hat.

Dem Arbeitgeber stehen verschiedene Möglichkeiten zur Verfügung, um sein Unternehmen auch während der Elternzeit einzelner Beschäftigter ohne personelle Restriktionen zu führen und zu disponieren. Will dieser bei Rückkehr aus der Elternzeit die Arbeitskraft alternativ im Betrieb verwenden, so wird er meist schon im Vorfeld diesbezügliche Gespräche führen, um den Vertrag in veränderter Form fortführen zu können. Alternativ steht ihm die Möglichkeit eines Aufhebungsvertrages zur Verfügung. Ein solcher, der eine einvernehmliche Einigung beider Seiten voraussetzt, ist auch während der Elternzeit möglich. Damit können die teuren Kündigungsfristen nach der Rückkehr vermieden werden. Betroffenen Beschäftigten hingegen kann mittels Abfindung der vorzeitige Abschied versüßt werden.

Wer allerdings unbedingt auf seinen bisherigen Arbeitsplatz zurückkehren will, der muss derlei Absicherung bereits im Vorfeld der Elternzeit betreiben. In aller Regel besteht nämlich nur ein Anspruch auf eine gleichwertige Beschäftigung. Dieser Umstand führt bei leitenden Angestellten regelmäßig zu Kontroversen. Soweit aber bereits im Arbeitsvertrag eine Versetzungsklausel enthalten ist, kann der Arbeitgeber jederzeit von seinem Direktionsrecht Gebrauch machen. Die unbedingte Rückkehr auf den alten Arbeitsplatz bleibt dann oft nur ein Wunsch.

Fehlt allerdings eine solche Versetzungsklausel, dann bleibt auch kein Raum für das diesbezügliche Direktionsrecht des Arbeitgebers. Der Rückkehr auf den gewohnten Arbeitsplatz steht nichts mehr im Wege. Dem Arbeitgeber bleibt dann nur noch die Möglichkeit, einen einvernehmlichen Arbeitsplatzwechsel herbeizuführen oder eine Änderungskündigung auszusprechen. Diese beinhaltet eine Kündigung des bisher Vereinbarten unter gleichzeitigem Angebot der Fortsetzung des Arbeitsverhältnisses mit veränderten Bedingungen. Bei Annahme werden diese neuen Vertragsbedingungen wirksam, bei Ablehnung greift die Kündigung.

Einmal mehr ergibt sich also die Notwendigkeit, seinen Kinderwunsch auch strategisch gut vorzubereiten. Neben der umfassenden Sorge für den Nachwuchs, braucht es auch die Vorsorge im Job. Am besten verhandelt man das bereits mit den Einzelheiten zum Arbeitsvertrag. Nachträgliche Änderungen könnten schwierig werden.

Was hat das Elterngeld mit der Steuerklasse zu tun?

In Deutschland wurden zuletzt so viele Kinder geboren wie seit 25 Jahren nicht mehr. Dennoch erreichte das Defizit zwischen Geburten- und Sterbezahlen einen neuen Höchststand. Insgesamt verstarben hierzulande in den letzten fünf Jahrzehnten gut 6,1 Millionen Menschen mehr als im gleichen Zeitraum zur Welt kamen. Es macht also durchaus Sinn, jungen Paaren die Nachwuchsplanung zu erleichtern und die Voraussetzungen dafür weiter zu optimieren. Dazu gehört natürlich nicht nur am Rande die finanzielle Absicherung über das Elterngeld. Hier gibt es einige Feinheiten zu beachten, vor allem wichtige Fristen und Formalitäten. Auch auf den Wechsel der Steuerklasse kann es dabei ankommen.

Die Regelungen zu dieser Thematik finden sich im Gesetz zum Elterngeld und zur Elternzeit (BEEG). Hiernach steht diese Leistung grundsätzlich allen Eltern zu, völlig unabhängig von einem Beschäftigungsverhältnis vor der Geburt des Nachwuchses. Da sich die Höhe des Elterngeldes auf Basis des zuletzt durchschnittlich erzielten Nettoverdienstes jedes Einzelnen berechnet, ist es natürlich für beide Elternteile eine interessante Option. Für die Einschränkung beruflichen Engagements und damit verstärkter Zeitaufwendung für den Nachwuchs, zahlt der Staat zwischen 300 und 1.800 Euro netto. Daneben haben auch Adoptiveltern und in Ausnahmefällen sogar Verwandte bis zum dritten

Grad, die sich um ein neugeborenes Kind kümmern, Anspruch auf das Elterngeld.

Das Bundessozialgericht musste sich eingehend mit dem Elterngeld bei Mehrlingsgeburten beschäftigen (Az.: B 10 EG 3/12 R, B 10 EG 8/12). Ob Eltern von Zwillingen, die beide die Anspruchsvoraussetzungen erfüllen, einen oder zwei Ansprüche auf Elterngeld für jeweils 12 bzw. 14 Lebensmonate der Kinder haben, ist im Gesetz nicht ausdrücklich geregelt. Das Gericht entschied, dass nach der Grundkonzeption des Gesetzes jeder Elternteil für jedes Kind die Anspruchsvoraussetzungen erfüllen kann. Der Elterngeldanspruch ist allerdings für die Eltern zusammen auf die ersten 12 oder (mit zwei Partnermonaten) 14 Lebensmonate des betreffenden Kindes begrenzt. Dabei kann ein Elternteil allein höchstens 12 Monatsbeträge erhalten. Für Eltern von Mehrlingen kann insoweit nichts anderes gelten.

Jedem Elternteil stehen demnach bis zu 12 Monatsbeträge Elterngeld für das eine und (als Partnermonate) zwei Monatsbeträge für das jeweils andere Zwillingskind zu. Die Regelung des § 2 Abs 6 BEEG sieht bei Mehrlingsgeburten lediglich eine Erhöhung des Elterngeldes um je 300 Euro für das zweite und jedes weitere Kind vor. Damit wird aber nicht der auf einen Einkommensersatz gerichtete Elterngeldanspruch für Mehrlingskinder verdrängt. Ein mehrfacher Einkommensersatz für denselben Berechtigten wird schon durch § 3 Abs 2 BEEG ausgeschlossen.

Bei einer Verdienstbasis aus den vergangenen 12 Monaten Erwerbstätigkeit, beträgt das Elterngeld 67 Prozent des durchschnittlich erzielten monatlichen Nettoeinkommens.

Bei fehlendem Nettoverdienst im Jahr vor der Geburt, werden 300 Euro Mindestbetrag als Elterngeld monatlich ausbezahlt. Das regelt § 2 Abs. 4 BEEG. Nicht als Einkommen zählen übrigens auch Zeiten des Bezugs von Krankengeld, Insolvenzgeld oder Arbeitslosengeld.

Eine Abweichung von Mindestbetrag, Höchstbetrag und der 67 Prozent-Regel kommt dann in Betracht, wenn das zu berücksichtigende Einkommen monatlich unter 1.000,00 Euro liegt. Hier wird der prozentuale Anteil stufenweise erhöht. Als Basis dient hierfür der Differenzbetrag, den das monatliche Einkommen die 1.000,00 Euro-Grenze unterschreitet. Für je 2,00 Euro dieser Differenz wird das zu erwartende Elterngeld um 0,1 Prozentpunkte erhöht.

Wer aufmerksam und vorausschauend planen will, der nimmt vor allem den Netto-Verdienst desjenigen Partners ins Visier, der vom Elterngeld profitieren soll. Bei verheirateten Paaren finden sich häufig Steuerklassenmodelle, die beide Verdienste optimieren. Da das Elterngeld anhand des zuletzt erzielten Netto-Verdienstes des jeweiligen Empfängers berechnet wird, bietet sich bei vielen ein Wechsel der Steuerklasse an.

Zumeist ist es die Partnerin, die mit der Elternzeit beginnt oder gar den größten Teil der Zeit beansprucht. Ihr rechtzeitiger Wechsel in Steuerklasse III optimiert demnach das Elterngeld. Doch dabei muss man schnell sein. Spätestens sieben Monate vor dem Monat, in dem der Mutterschutz beginnt, muss der Antrag auf den Steuerklassen-Wechsel gestellt werden.
Wer diese Frist verpasst, der hat immer noch die Möglichkeit, den Wechsel zu vollziehen. Hierzu muss die werdende

Mutter beantragen, dass der Mutterschutzmonat bei der Berechnung des Elterngeldes mit berücksichtigt wird. Da in dieser Zeit kein volles Gehalt mehr gezahlt wird, bleibt dieser Monat bei der Berechnung sonst außen vor. Die Einbeziehung kann demnach das Fristversäumnis retten.

Das Elterngeld wird nicht versteuert und ist auch nicht von Abgaben zur Sozialversicherung erfasst. Natürlich muss man die Leistung beantragen, sonst tut sich gar nichts. Das muss schriftlich erfolgen und ist immer von beiden Anspruchsberechtigten zu unterschreiben. Der Antrag sollte mindestens 3 Monate vor der gewünschten Elternzeit eingereicht werden.

Eine Teilzeitbeschäftigung bis zu 30 Stunden pro Woche ist trotzdem zulässig. Dann orientiert sich die Berechnung des Elterngeldes am entgangenen Teileinkommen. Auch hier ist wieder die Maximalgrenze der Auszahlung bei 1800 Euro pro Monat gesetzt. Wie man als Eltern nun die finanzielle Seite für sich optimal gestaltet, ist auch von eigenen kreativen Rechenspielen bestimmt. Ein Elternteil kann mindestens für zwei und höchstens für zwölf Monate Elterngeld beziehen. Teilen sich die Eltern die Elternzeit, so verlängert sich diese auf insgesamt 14 Monate. Alleinerziehende können von vornherein diese 14 Monate Elterngeld in Anspruch nehmen.
Das Elterngeld Plus hingegen ist für Arbeitnehmer konzipiert, die jeweils nach der Geburt eine Teilzeittätigkeit ausüben wollen. Das Elterngeld Plus beträgt die Hälfte des regulären Elterngeldes, seine Bezugsdauer kann aber auch einschließlich Partnerschaftsmonate bis zu 28 Monate betragen. Allerdings muss man sich für diese Version vorab bindend festlegen.

Immer wieder Kampf um den KITA-Platz

Urteile in Sachen KITA-Platz haben immer wieder aufhorchen lassen und dürften so manche Kommune ins Schwitzen gebracht haben. Doch damit ist noch lange nicht alles gut. Bis heute ist der Kampf um den KITA-Platz mit vielen Hürden gespickt. Entnervte Eltern bleibt vielerorts nur der Gang zum Gericht. Doch der ist oft Erfolg versprechend.

Immerhin hatte der Bundesgerichtshof schon im Jahr 2016 drei Müttern aus Leipzig zu ihrem Recht verholfen (BGH, AZ: III ZR 278 / 15, 302 / 15 und 303 / 15). Deren Kinder hatten trotz rechtzeitiger Anmeldung keinen Betreuungsplatz erhalten. Dabei wollten die Klägerinnen nach Vollendung des ersten Lebensjahres ihrer Kinder wieder berufstätig sein und forderten deshalb von der Stadt Leipzig Schadensersatz für den Verdienstausfall. Die erste Instanz aber versagte ihnen diesen Anspruch mit der Begründung, dass die Erwerbsinteressen der Mütter nicht von der Amtspflicht der beklagten Stadt geschützt seien. Die Richter am Bundesgerichtshof sahen die Sache allerdings ganz anders und hoben das Urteil auf. Nach ihrer Ansicht ist der Verdienstausfall der Eltern vom Schutzbereich der Amtspflicht erfasst. Damit hat der Gesetzgeber der Erkenntnis Rechnung getragen, dass Kindes- und Elternwohl sich gegenseitig bedingen. Insoweit steht betroffenen Eltern die Geltendmachung von Schadensersatz zu, wenn ein KITA-Platz nicht rechtzeitig zur Verfügung gestellt werden kann.

Das Oberlandesgericht Frankfurt am Main hatte daraufhin einen Landkreis zur Zahlung von rund 23.000 Euro an eine Mutter verurteilt, die trotz Rechtsanspruchs kein adäquates Angebot für ihren einjährigen Sohn erhalten hatte. Sie verklagte den Landkreis auf Schadenersatz wegen Amtspflichtverletzung. Trotz rechtzeitiger Bedarfsanmeldung war ihr von März bis November 2018 kein zumutbarer Betreuungsplatz für ihren einjährigen Sohn angeboten worden. Das Gericht folgte dem Antrag und der Landkreis musste zahlen (OLG Frankfurt a.M., AZ: 13 U 436/19).

Die Klarheit der Entscheidungen sollte Anlass dafür sein, die Thematik endlich flächendeckend mit der nötigen Ernsthaftigkeit zu betrachten. Denn der Rechtsanspruch auf einen KITA-Platz ist die gesellschaftlich gewollte Theorie. Die tatsächliche Vorhaltung eines auskömmlichen Angebots in den Städten und Kommunen sollte demnach die gelebte Praxis sein. Tatsächlich ist dieser Rechtsanspruch seit langem aber ein zweischneidiges Schwert: Einerseits soll die Vereinbarkeit von Kind und Beruf gefördert werden, andererseits mangelt es aller Orten an den erforderlichen Kapazitäten. Folgt man den Analysen des Instituts der deutschen Wirtschaft, so fehlten zuletzt etwa 350.000 Plätze. Das sind rund 60 Prozent mehr als noch vor fünf Jahren. Statistisch betrachtet bleibt damit jedes siebte Kind ohne einen Betreuungsplatz. Doch es tut sich etwas: Die Eltern erhöhen den Druck auf die verantwortlichen Kommunen. Vor allem der zunehmende Gang vor Gericht bringt Bewegung in das vielerorts herrschende Dilemma.

Der Rechtsanspruch auf Betreuung muss in der Nähe der Wohnung realisierbar sein. Leichter gesagt als getan. Die Entfernung ist seit langem einer der großen Streitpunkte, die letztlich vor Gericht entschieden werden müssen. So auch vor dem Oberverwaltungsgericht Rheinland Pfalz, das sich hier abschließend und klar positioniert hat (OVG Rheinland-Pfalz, AZ: 7 B 10851/19). Damit bestätigte das

Gericht zugleich die Rechtsauffassung des OVG Berlin-Brandenburg, das die Zumutbarkeit der Entfernung an einer maximalen Wegezeit von 30 Minuten festgemacht hat, soweit sich die KITA nicht auf dem direkten Arbeitsweg der Eltern befindet. Immer wieder gern bemühte Kapazitätsvorbehalte der Kommunen kommen hierbei nicht zum Zuge (OVG Berlin-Brandenburg, AZ. 6 S 2.18 und 6 S 6.18).

Grundsätzlich gilt: Ab dem vollendeten ersten Lebensjahr hat jedes Kind einen gesetzlich garantierten Rechtsanspruch auf einen wohnortnahen Betreuungsplatz. Ab dem vollendeten 3. Lebensjahr besteht dann ein Anspruch auf einen Betreuungsplatz in einer Kindertageseinrichtung. Die Eltern können dabei zwischen der Betreuung in einer Kindertageseinrichtung und der Kindertagespflege wählen.

Völlig unabhängig von der jeweiligen finanziellen Situation der Kommune muss die Bereitstellung eines bedarfsgerechten Angebots an Betreuungsplätzen gewährleistet sein (Sächsisches OVG, AZ: 4 B 100/17). Daran ändert auch ein vorgegebener Fachkräftemangel nichts.

Sollte für die Eltern die Wiederaufnahme ihrer beruflichen Tätigkeit mangels Betreuungsplatz nicht möglich sein, so können sie den Ersatz des Verdienstausfalls im Wege der Amtshaftung geltend machen (BGH, AZ: III ZR 278/15, 302/15 und 303/15).

Aber auch die Mehrkosten für eine privat organisierte Betreuung der Kinder können gerichtlich geltend gemacht werden, wenn seitens der Kommune kein KITA-Platz zur Verfügung gestellt werden kann. Das entschied bereits letztinstanzlich das Bundesverwaltungsgericht (BVerwG, AZ: 5 C 35/12).

Der Anspruch auf einen KITA-Platz steht darüber hinaus nicht im Zusammenhang mit einer Erwerbstätigkeit. Das Gesetz gewährt den Rechtsanspruch dem Kind. Deshalb ist es völlig unerheblich, ob die Eltern arbeitslos, erwerbsunfähig, in Ausbildung oder gar in Elternzeit sind. Lediglich die Dauer der täglichen Betreuung kann zeitlich abgesenkt werden (§ 24 SGB VIII). Das Regelangebot beträgt dabei mindestens 20 Stunden in der Woche.

Arbeiten diese in Vollzeit, dann muss auch die Betreuung in der KITA ganztägig erfolgen. Was ganztägig heißt, dass entschied vor einiger Zeit schon das Verwaltungsgericht Aachen: Danach müssen die Öffnungszeiten der KITA neben der Arbeits- auch die Wegezeit der Eltern berücksichtigen. Insofern ist die tägliche Betreuung der Kleinen für neun Stunden pro Tag, an fünf Tagen in der Woche, summa summarum also für 45 Stunden wöchentlich sicherzustellen (VG Aachen, AZ: 8 L 700/18).

Zuständig für Klagen im Zusammenhang mit den Betreuungsangeboten sind die jeweiligen Verwaltungsgerichte. Bei der oft schon drängenden Eilbedürftigkeit des Problems besteht auch die Möglichkeit, einen Antrag auf einstweiligen Rechtsschutz zu stellen. Das bringt relativ zügig Bewegung und vor allem ein gewisses Maß an Rechtssicherheit mit sich.
Geht es allerdings um einen Schadensersatz wie in den eingangs erwähnten Fällen, weil die zuständige Kommune keinen zumutbaren KITA-Platz zur Verfügung stellt, dann sind die ordentlichen Gerichte zuständig.

Anspruch auf KITA-Platz trotz Elternzeit?

Der Rechtsanspruch auf einen KITA-Platz ist seit Jahren nun schon zu einem arg strapazierten Thema geworden. Zunehmend müssen Gerichte den Streit entscheiden, oft sogar oberste Instanzen die Regeln noch einmal deutlich machen: Der Rechtsanspruch ist gesetzlich verbrieft. Die Regelung findet sich in § 24 SGB VIII und gilt in der jetzigen Fassung seit 01.08.2013. Die Länder und Kommunen hatten also genügend Zeit, die notwendigen Voraussetzungen zu schaffen. Zu Lasten der Eltern und der Kinder darf der weiterhin latente Mangel nicht gehen.

Da wird Eltern, die arbeitslos, selbständig oder auch in Elternzeit sind, der Anspruch nur eingeschränkt gewährt. Maßstäbe sollen dabei Bedarf und Kapazitäten sein. Doch das ist natürlich komplett falsch. Auf einen Bedarf der Eltern wegen einer Berufstätigkeit, wie ihn noch die alte bis zum 31.07.2013 geltende Fassung verlangt hatte, kommt es seit dem 01.08.2013 nicht mehr an.

Das gilt gleichermaßen in den Fällen der Elternzeit. Auch in dieser Phase besteht der Rechtsanspruch auf einen KITA-Platz uneingeschränkt. Dem steht der Sinn und Zweck des Bundeselterngeld- und Elternzeitgesetzes (BEEG) dabei nicht entgegen. Die Eltern befinden sich zwar in dieser Auszeit, um das Kind nach § 15 Abs. 1 S. 1 Nr. 2 BEEG selbst betreuen zu können. Das schließt aber eine Hilfe bei der Betreuung seitens einer KITA oder einer Tagesmutter nicht aus. Vielmehr soll die dort angebotene Unterstützung ein Optimum an frühkindlicher Entwicklung ermöglichen.

Das Gesetz gewährt den Rechtsanspruch dem Kind. Deshalb ist es völlig unerheblich, ob die Eltern arbeitslos, erwerbsunfähig, in Ausbildung oder gar in Elternzeit sind. Lediglich die Dauer der täglichen Betreuung kann zeitlich abgesenkt werden (§ 24 SGB VIII). Das Regelangebot beträgt dabei mindestens 20 Stunden in der Woche.

Die Kommunen sind also per Gesetz verpflichtet, jedem Kind einen KITA-Platz oder eine Tagesmutter für die Betreuung zur Verfügung zu stellen. Dabei genügen auch oftmals kolportierte Öffnungszeiten von 8 bis 12 Uhr natürlich nicht den Anforderungen. Als notwendig und nach der Rechtsprechung auch als ausreichend werden zusammenhängende Öffnungszeiten und entsprechende Angebote von mindestens sechs Stunden Dauer angesehen. Ein verbindliches Ganztagsangebot hingegen kann aus der gesetzlichen Regelung nicht abgeleitet werden.

Es genügt dem Anspruch aber nicht, dass die Kommune einfach irgendwo einen KITA-Platz anbietet. Der zugewiesene Platz muss zumindest zumutbar erreichbar sein. Dazu hat sich beispielsweise das Oberverwaltungsgericht Rheinland Pfalz klar positioniert (OVG Rheinland-Pfalz, AZ: 7 B 10851/19) und bestätigte damit die Rechtsauffassung des OVG Berlin-Brandenburg, das die Zumutbarkeit der Entfernung an einer maximalen Wegezeit von 30 Minuten fest gemacht hat, soweit sich die KITA nicht auf dem direkten Arbeitsweg der Eltern befindet. Kapazitätsvorbehalte der Kommune können hierbei nicht vorgebracht werden (OVG Berlin-Brandenburg, AZ. 6 S 2.18 und 6 S 6.18).

Auch der beliebte Trick mit den exorbitant hohen monatlichen Elternbeiträgen dürfte sich am Rande der Legalität bewegen. Soweit mit dieser Praxis die Inanspruchnahme des Rechtsanspruchs quasi ausgehebelt wird, werden auch diese Fälle in vermehrter Zahl Gerichte beschäftigen. Denn diese mancherorts erhobenen Beiträge übersteigen natürlich in vielen Fällen die wirtschaftlichen Möglichkeiten der Eltern. Das läuft einem Rechtsanspruch deutlich zuwider.

Bevor allerdings der Gang zum Gericht erfolgt, braucht es den Akt der Ablehnung oder der Beschränkung des Anspruchs. Diesen muss man auch schriftlich einfordern, um wirksam Widerspruch einlegen zu können. Wird auch dieser zurückgewiesen, kann man seinen Rechtsanspruch auf den Betreuungsplatz vor Gericht erstreiten. Dabei sollten aber auch die entsprechenden Fristen im Auge behalten werden. Sonst tritt man trotz Rechtsanspruch auf der Stelle. Vor allem übersehene oder vernachlässigte Formalien hemmen oft die Durchsetzung des Rechts. Beratung macht also Sinn!

Wenn der Chef die KITA zahlt

Die Gewinnung von passendem Personal ist inzwischen eine Herausforderung. Manche Unternehmen haben sogar begriffen, dass man sich dafür echt bemühen muss. Allein das Plakatieren der offenen Stellen reicht hier nicht. Arbeitskräfte sind wählerisch geworden. Wer als Chef nichts Besonderes bieten will, der könnte über kurz oder lang echte Probleme mit der Erledigung seiner Aufträge bekommen.

Das Besondere ist dabei aber nicht nur Lockmittel vor der Einstellung neuen Personals. Die Bindung desselben verlangt vom Chef immer besser reagierende Strukturen und Systeme auf die Bedürfnisse der Beschäftigten. Wer bliebe schon gern und lange einem Chef treu, der nur fordert und nichts Gutes bietet. Die Absicherung der Kinderbetreuung ist dafür ein prädestiniertes Beispiel. Wenn man sich in dieser Frage auf seinen Chef verlassen kann, so hat das erhebliche Auswirkungen auf die Treue zum Unternehmen. Schließlich ist die KITA-Thematik immer noch existenziell für viele Arbeitnehmer.

Mancher Chef hat sich bereits entschlossen, eine eigene KITA für seinen Betrieb zu unterhalten. Meist sind die Öffnungszeiten den Arbeitszeiten der Eltern angepasst, so dass sich niemand sorgen muss. Diese Leistung des Arbeitgebers muss auch nicht versteuert werden. Gemäß § 3 Nr. 33 EStG sind Arbeitgeberleistungen zur Verpflegung, Unterbringung und Betreuung von nicht schulpflichtigen Kindern seiner Mitarbeiter steuer- und sozialversicherungsfrei.

Doch diese Befreiung gilt nicht nur für Arbeitgeberleistungen, die der Chef in der eigenen KITA bereitstellt. Auch Geldleistungen, die der Unterbringung, Verpflegung und Betreuung des Nachwuchses der Beschäftigten dienen, unterfallen dieser Abgabenfreiheit. So können KITA-Gebühren finanziert werden, Tagesmütter und auch andere Pflegestellen. Dabei ist die Höhe des Zuschusses nicht begrenzt.

Werden hingegen Kinder von Mitarbeitern im eigenen Haushalt betreut, sei es durch Angehörige oder auch durch Fremdpersonal, sind eventuelle Arbeitgeberzuschüsse nicht mehr steuer- und sozialversicherungsfrei. Dann wird dieser Zuschuss wie Arbeitslohn behandelt. Gleiches gilt für Beförderungsleistungen zwischen Wohnung und KITA. Zahlt der Chef also einen Zuschuss zur KITA, weil er keine eigene betreut, so muss er das zusätzlich zu Lohn oder Gehalt tun. Eine anteilige Umwandlung des geschuldeten Arbeitsentgelts wäre zwar möglich, würde aber bei der Lohnsteuer und bei den Sozialversicherungsabgaben mit entsprechenden Abzügen berücksichtigt werden. Um nicht nachträglich steuer- und abgabenpflichtig zu werden, benötigt der Chef auch die entsprechenden Belege zu den KITA-Kosten. Diese muss er im Original bei den jeweiligen Entgeltkonten vorhalten, um bei Steuerprüfungen nicht in die Falle der Nachberechnug zu tappen.

Das Thema KITA ist demnach ein sehr probates Mittel, um bei der Personalgewinnung und seiner Bindung zu punkten. Im Idealfall wachsen daraus Treuebekundungen, die über Generationen weitergegeben werden. Schließlich sind auf solchen und ähnlichen Wegen deutsche Familienunternehmen groß und stabil geworden. Im Übrigen tragen Unternehmen mit eigener KITA oder deren finanzieller Förderung zur Steigerung der Betreuungsquote insgesamt bei und übernehmen damit natürlich auch soziale Verantwortung. Sie liefern damit einen wichtigen Baustein zur Vereinbarkeit von Familie und Beruf, ohne den der Rechtsanspruch auf einen KITA-Platz noch weniger verlässlich umgesetzt werden könnte.

Wenn das Kind mit zur Arbeit muss

Gerade dann, wenn man eine neue Stelle antritt, sollte alles perfekt klappen. Schließlich gilt es, die Probezeit erfolgreich zu überstehen. Das ist der Wunsch meist aller Beteiligten. Doch bei allen guten Vorsätzen bleibt immer noch der Unsicherheitsfaktor Kind. Die Anfälligkeit des Nachwuchses für Infekte ist bekanntlich je nach Alter um ein Vielfaches größer. Die unfreiwilligen, zusätzlichen Auszeiten der Eltern vom Job entsprechend häufig. Da können all die guten Vorsätze auch nicht mehr viel helfen.

Nun gibt es gesetzlich verbindliche Regelungen, um ein Kind nicht generell zum Risikofaktor für ein Beschäftigungsverhältnis werden zu lassen. Der Anspruch auf Entgeltfortzahlung gegenüber dem Arbeitgeber greift auch hier und ist damit ein Fall des § 616 BGB. Soweit für eine verhältnismäßig nicht erhebliche Zeit die Arbeitsleistung aus Gründen nicht erbracht werden kann, die nicht in der eigenen Person liegen, bleibt die Vergütungspflicht erhalten.

In vielen Arbeitsverträgen ist die Vergütungspflicht des Arbeitgebers nach § 616 BGB vertraglich ausgeschlossen. Erst dann springt die Krankenkasse ein. Ist das kranke Kind bei den Eltern mitversichert, hat das 12. Lebensjahr noch nicht vollendet und ein Arzt bescheinigt, dass eine Betreuung notwendig ist, haben diese Anspruch auf Kinderkrankengeld unter Freistellung von der Arbeitspflicht. Das ärztliche Attest sollte zu Beweiszwecken bereits vom ersten Tag an vorgehalten werden.

So galten im Jahr 2019 beispielsweise 10 Tage pro Kind bei verheirateten Eltern und 20 Tage bei Alleinerziehenden als Maßstab. In diese Zeit fiel ein Streitfall, den das Arbeitsgericht Siegburg zu entscheiden hatte. Dort hatte eine Arbeitnehmerin auf ihren Ausfall wegen Erkrankung des Kindes verzichtet und war damit in die Kündigungsfalle getappt ist. Sie nahm ihre erkrankten und betreuungsbedürftigen Kinder einfach mit zur Arbeit. Ihr Arbeitgeber dankte ihr das Pflichtbewusstsein aber nicht und kündigte ihr daraufhin fristlos.

Die Betroffene war als Altenpflegefachkraft beschäftigt und befand sich noch in der Probezeit. Während der Arbeit erkrankten die Kinder der Arbeitnehmerin, woraufhin der behandelnde Arzt deren Betreuungsbedürftigkeit feststellte. Zunächst ging sie ihrer Arbeitstätigkeit für den Arbeitgeber weiter nach, wobei sie jedoch ihre Kinder zeitweise mitnahm. Einige Tage später erkrankte die Betroffene dann selbst, und teilte ihrem Arbeitgeber per SMS mit, dass sie einen Arzt aufsuchen müsse. Dieser stellte am Folgetag einen später bestätigten Verdacht auf Grippe fest. Die Arbeitnehmerin erhielt daraufhin eine fristlose Kündigung, weil es ihr generell verboten gewesen sei, ihre Kinder mit zur Arbeit zu nehmen. Daraufhin erhob die Betroffene Kündigungsschutzklage gegen die fristlose Kündigung und begehrte die Einhaltung der gesetzlichen Kündigungsfrist.

Das Arbeitsgericht Siegburg gab der Klage insoweit statt und entschied, dass das Arbeitsverhältnis nicht fristlos, sondern erst mit Ablauf der 2-wöchigen Kündigungsfrist in der Probezeit beendet worden ist. Die fristlose Kündigung hielt es für ungerechtfertigt. Zwar war das Verhalten der Klägerin sowohl aus versicherungsrechtlichen Gründen als auch wegen der bestehenden Ansteckungsgefahr für die älteren Patienten problematisch und eine Pflichtverletzung. Einen Grund für eine sofortige Beendigung des Arbeitsverhältnisses sah das Gericht jedoch nicht. Grundsätzlich reiche in einem solchen Fall eine Abmahnung. Auch andere Gründe für eine sofortige Beendigung konnte der Arbeitgeber nicht darlegen (Arbeitsgericht Siegburg, AZ: 3 Ca 642/19).

Ganz anders gelagert sind die Fälle, in denen KITA oder Schule geschlossen sind. Die Schließung einer KITA oder Schule stellt keinen Notfall dar. Die notwendige Betreuung muss also eingehend und auch verbindlich mit dem Arbeitgeber abgesprochen werden, um alle Unsicherheiten von vornherein zu beseitigen. Neben der unbezahlten Freistellung bieten sich oft noch andere Lösungswege an. So kann Urlaub genommen oder Überstunden können abgebaut werden. In manchen Jobs gibt es gar die Möglichkeit des Homeoffice. In Ausnahmefällen kann das Kind sicher auch mit in den Betrieb genommen werden. Nicht überall ist das aber praktikabel.
Deshalb aber einfach nichts zu tun und schlicht vom Job fernzubleiben, das ist mit Sicherheit die schlechteste Variante. Unentschuldigtes Fehlen hat generell Konsequenzen.

Wie geht das mit dem Kindergeld

Das Kindergeld ist in Deutschland eine Selbstverständlichkeit. Ursprünglich von den Nationalsozialisten als sogenannte Kinderbeihilfe eingeführt, gehört es heute zum festen Budget jedes Haushalts, in dem Kinder leben. Da es für viele aber auch zwingend notwendiger Bestandteil monatlicher Ausgabenplanung ist, sollte man die Regeln zum Kindergeld kennen. Vor allem in der Übergangsphase ab dem 18. Lebensjahr wird es manchmal schwierig.

Das Kindergeld ist entgegen weit verbreiteter Auffassung keine Sozialleistung des Staates, sondern eine Steuervergütung, die das Existenzminimum der Kinder sichern soll. Anspruchsberechtigt ist jeder Erwachsene, der in seinem Haushalt lebende Kinder regelmäßig versorgt. Das Kind muss dazu nicht zwingend das leibliche sein, auch Stiefkinder, Enkelkinder und Pflegekinder zählen dazu. Kindergeld wird grundsätzlich einkommensunabhängig gewährt und zwar vom Zeitpunkt der Geburt des Kindes an. Dennoch ist ein Antrag dafür nötig. Zum Empfang des Geldes ist immer nur eine Person berechtigt, die das Kindergeld monatlich auf ein Konto überwiesen bekommt. Als Anspruchsberechtigter muss man aber nicht zwingend seinen ständigen Aufenthalt in Deutschland haben und nicht einmal deutscher Staatsbürger sein.

Im Ausland lebende Deutsche müssen aber, um Anspruch auf Kindergeld zu haben, entweder unbeschränkt steuerpflichtig in Deutschland sein oder aber, bei nur beschränkter inländischer Steuerpflicht, wenigstens sozialversicherungspflichtig in Deutschland arbeiten.

Auch Nicht-Deutsche können Anspruch auf Kindergeld in Deutschland haben, soweit sie Staatsbürger eines Mitgliedslandes der EU, des Europäischen Wirtschaftsraumes oder der Schweiz sind. Wer hingegen die Staatsbürgerschaft von Algerien, Bosnien-Herzegowina, Kosovo, Marokko, Montenegro, Serbien, Tunesien oder Türkei besitzt, der muss darüber hinaus in Deutschland sozialversicherungspflichtig beschäftigt oder Bezieher von Arbeitslosengeld beziehungsweise Krankengeld sein. Darüber hinaus berechtigen aber auch eine Aufenthaltserlaubnis oder die unanfechtbare Anerkennung als Flüchtling und Asylberechtigter zum Empfang von Kindergeld.

Gerade die grenzüberschreitende Beanspruchung von Kindergeld ist oft Gegenstand von Kontroversen. Zwar ist in jedem Fall der Nachweis der tatsächlichen Existenz eines Kindes zu führen, dennoch lassen sich hierbei Manipulationen nicht immer ausschließen. Immerhin betrug die insgesamt vom deutschen Staat aufgewendete Kindergeld-Summe im Jahre 1990 noch rund 5 Mrd. Euro, wohingegen dieser Betrag zuletzt auf rund 40 Mrd. Euro angestiegen ist. Allein an einer explosionsartigen Geburtensteigerung kann ein solcher Zuwachs nicht festgemacht werden. Begründet wird der Anstieg pauschal mit der neuen Arbeitnehmer-Freizügigkeit und des damit einhergehenden Diskriminierungsverbots. Dennoch sind dem Missbrauch weiterhin Tür und Tor geöffnet. Bisher gab es auf diesem Gebiet immer nur vereinzelte Stichproben, vor allem in Ballungszentren. Aufgedeckt dabei wurden in erster Linie bandenmäßige Betrugs-Strukturen. Ein europäischer Ansatz zu Bekämpfung des Problems kam bis heute nicht zustande.

Soweit der Anspruch auf Kindergeld besteht, so werden für jedes Kind 250 Euro im Monat gezahlt. Die Auszahlungstermine richten sich nach der letzten Ziffer der Kindergeldnummer. Eine Liste der Termine ist auf den Seiten der Arbeitsagentur abrufbar.

Familien, die sich mit ihrem Einkommen im klar definierten niedrigen Einkommensbereich befinden, können zusätzlich noch einen Kindergeldzuschlag beantragen. Der Kindergeldzuschlag wurde zum 1. Januar 2023 auf monatlich bis zu 250 Euro pro Kind erhöht. Der 2022 eingeführte Sofortzuschlag ist darin bereits enthalten. Ziel dieses Zuschlags soll eigentlich die Bekämpfung von Kinderarmut in Deutschland sein. Doch an einer Zielerreichung regen sich vermehrt Zweifel. Mehr als jeder fünfte Einwohner in Deutschland unter 18 Jahren gilt inzwischen als armutsgefährdet. Das sind immerhin 2,9 Millionen Kinder und Jugendliche. Im Jahr 2010 lag die Gefährdungsquote bei den unter 18-Jährigen laut Mikrozensus noch bei 18,2 Prozent.

Kindergeld ist laut Einkommensteuergesetz kein Einkommen. Das ist in vielen Lebenssituationen durchaus von Belang. Beispielsweise dann, wenn für Studenten weiterhin Kindergeld gezahlt wird, diese aber auch einem Nebenjob nachgehen. Bei Anrechnung als Einkommen wäre die Grenze zur Steuerpflicht sehr schnell überschritten. Doch, wie immer, kein Grundsatz ohne Ausnahme.

Einige Gerichte rechnen bei der Beanspruchung von Prozesskostenhilfe das Kindergeld generell zum Einkommen. Andere Gerichte berücksichtigen das nur in jenen Fällen, in denen es zusammen mit dem Kindesunterhalt den Freibetrag überschreitet. Wieder andere Gerichte berücksichtigen Kindergel lediglich zur Hälfte als Einkommen.

Einheitlich hingegen geht es bei der Beantragung des Bürgergeldes zu. Dort ist jede Einnahme als Einkommen anzusehen. Selbst Geldgeschenke müssen, wenn sie die Summe von 50 Euro überschreiten, als Einkommen aufgeführt werden. Da immer die Bedarfsgemeinschaft als Ganzes betrachtet wird, ist auch das Kindergeld auf der Einnahmeseite relevant.

Bleibt noch die Dauer, für die das Kindergeld gezahlt wird. Allein am Namen festgemacht, endet der Bezug mit Vollendung des 18. Lebensjahres, mit dem Beginn der Volljährigkeit und dem endgültigen Ende der Kindheit also. Doch auch hiervon gibt es einige Ausnahmen. Beginnt der volljährige Jugendliche erstmals eine Ausbildung oder ein Studium, so entsteht der Anspruch auf Kindergeld auch für diese Zeit. Das gilt auch noch für eine zweite Ausbildung und gleichzeitiger Tätigkeit im Mini-Job oder mit bis zu 20 Wochenstunden. Schließen sich Ausbildung oder Studium nicht sofort an das Erreichen des Erwachsenenalters an, so ist auch für eine Übergangszeit von bis zu 4 Monaten der Anspruch gegeben. Gleiches gilt für Zeiten eines Praktikums oder eines Freiwilligendienstes. Selbst bei Arbeitslosigkeit und ernsthaften Bemühungen um einen Ausbildungsplatz, ist der Anspruch gegeben. Allerdings enden all diese Anspruchsmöglichkeiten mit Vollendung des 25. Lebensjahres. Im Übrigen bedarf es eines rechtzeitigen Antrags mit entsprechenden Nachweisen.

Liegt bei dem Kind hingegen eine Behinderung vor und ist diese ursächlich dafür, dass ausreichende Mittel zur Deckung des eigenen Lebensbedarfs fehlen, so besteht der Anspruch auch über das 25. Lebensjahr hinaus. Regelmäßig erfüllt ist diese Voraussetzung beim Nachweis des Merkzeichens „H".

Auszeit vom Alltag: Mutter, Vater, Kind und Kur

Mütter und Väter waren auch schon in der Vergangenheit oft durch Beruf und Familie sehr kräfteraubenden Doppelbelastungen ausgesetzt. Hinzu kam dann auch noch Corona mit all den Beschwerlichkeiten, die viele Alleinerziehende aber auch Familien an den Rand des Erträglichen getrieben haben. Doch damit nicht genug. Förmlich im fließenden Wechsel übernahmen gerade bei Kindern neue aggressive Infektionskrankheiten das Zepter des Familienlebens. Auszeiten gibt es nun schon seit einer gefühlten Ewigkeit nicht mehr. Die Nerven liegen blank, die Kräfte sind aufgezehrt, die Gesundheit leidet inzwischen extrem. Höchste Zeit für eine Kur, am besten gleich für alle Beteiligten.

Doch wie soll das gelingen. Inzwischen pendelt das Leben nur noch zwischen unterschiedlichen Infektionskatastrophen, Normalität ist nicht in Sicht. Abwarten ist aber auch keine Option. Fachleute sehen bereits deutliche Anzeichen gravierender Langzeitfolgen für die psychische Gesundheit. Deshalb empfiehlt es sich, gerade jetzt eine Auszeit in den Blick zu nehmen. Die Möglichkeiten dazu sind weiter vorhanden. Im Übrigen liegen zwischen Planung und Realisierung in der Regel immer noch ein paar Wochen. Vielleicht ist für die Beantragung einer Kur gerade jetzt die richtige Zeit.

Sogenannte Mutter-Kind Kuren, die es seit 2002 aber auch gleichberechtigt für Väter gibt, bieten gute Bedingungen, um während eines mehrwöchigen Aufenthaltes unter medizinischer Betreuung neue Kräfte zu tanken. Das kann ernsthaften und langwierigen Erkrankungen vorbeugen, so dass es auch momentan keinerlei Gründe gibt, jegliche Spielarten medizinischer Rehabilitation ruhen zu lassen. Ohnehin gibt es vor Ort ausgeklügelte Hygienekonzepte und eine entsprechende Teststrategie.

Damit solche Auszeiten auch in Anspruch genommen werden können, ist in § 9 Entgeltfortzahlungsgesetz geregelt, dass während der Maßnahmen zur medizinischen Vorsorge und Rehabilitation grundsätzlich ein Anspruch auf Entgeltfortzahlung durch den Arbeitgeber besteht. Diese ist, wie bei der Lohnfortzahlung im Krankheitsfall, für maximal sechs Wochen garantiert. Den beschäftigten Elternteilen steht also während einer solchen Kur genauso viel zu, wie sie vorher verdient haben. Das vor der Kur für Überstunden zusätzlich gezahlte Entgelt ist davon allerdings ausgenommen.

Auch für arbeitslose Elternteile zahlen die Ämter Arbeitslosengeld I oder Bürgergeld während einer Eltern-Kind-Kur weiter.

Ein weiterer wichtiger Aspekt ist darüber hinaus, dass für eine derartige Kur keinesfalls Urlaubstage zu verbrauchen sind. Zur Klarstellung ist das in §10 Bundesurlaubsgesetz (BUrlG) noch einmal ausdrücklich erwähnt. Doch es kommt noch besser: Der Arbeitgeber darf den Antritt einer bewilligten Kur nicht verweigern oder aufschieben. Dabei hat er generell kein Mitspracherecht. Lediglich die Fairness gebietet es, ihn von einer geplanten und beantragten Kur in Kenntnis zu setzen.

Doch wie bei einer Krankheit auch, führt der erste Weg zum Arzt. Dieser muss ein ärztliches Attest ausstellen. Dieses wird dann mit dem Antrag zusammen bei den Krankenkassen eingereicht. Bis zur Genehmigung der Mutter-Kind-Kur kann es Wochen und Monate dauern. Gelegentlich verweisen die Krankenkassen berufstätige Mütter oder Väter an die Rentenversicherungsträger mit dem Argument, dass eine Mutter/Vater-Kind-Kur der Wiederherstellung der Arbeitskraft dienen soll. Dies ist aber nicht richtig, denn bei einer solchen Kur steht die familiäre Belastung im Vordergrund. Sollte der Antrag mit eben jenem Hinweis abgewiesen werden, empfiehlt sich ein Einspruch bei der Krankenkasse.

2. Schule, Bildung und Probleme

Schulen sind auch ein gefährlicher Ort

Schulen sind öffentliche Einrichtungen, ihr Besuch ist gesetzlich geregelt. Inbegriffen sind damit auch die Situationen, wo Unfälle passieren und Menschen zu Schaden kommen. Hierzu gibt es für die Schülerinnen und Schüler die Unfallkassen, wo jede und jeder vom ersten Tag an gegen Schäden versichert ist. Die Kosten trägt das jeweilige Bundesland.

Diese gesetzliche Unfallversicherung übernimmt bei einem Schadensereignis alle Kosten für die medizinische Behandlung, wie Arzt und Krankenhaus, Medikamente und Kuren. Daher entfallen Zuzahlungen für Arznei oder Praxisgebühr. Bei schweren Unfällen mit bleibenden Schäden werden auch Renten gezahlt. Notwendig ist aber immer eine zügige Meldung bei der Unfallkasse.

Soweit die Theorie. Doch es gibt Schadensereignisse, die sind so erheblich, dass sich die eigentlich Verantwortlichen aus der Pflicht nehmen. So geschehen in einem Fall, den letztlich der Bundesgerichtshof entscheiden musste (BGH, AZ: III ZR 35/18). Ein damals 18-jährige Schüler war im Januar 2013 beim Aufwärmen im Schulsport plötzlich zusammengebrochen. Die beiden anwesenden Lehrer riefen den Notarzt. Der Junge wurde in die stabile Seitenlage gebracht. Es wurde aber zu keinem Zeitpunkt versucht, den Schüler wiederzubeleben. Als Folge erlitt er irreversible Hirnschäden wegen mangelnder Sauerstoffversorgung und ist heute zu 100 Prozent schwerbehindert. Er muss rund um die Uhr betreut werden.

Über seinen Vater hat das Opfer Schadenersatz, Schmerzensgeld und eine Mehrbedarfsrente für die erlittenen Schäden geltend gemacht. Die Vorinstanzen lehnten diesen Anspruch ab, der Bundesgerichtshof hob diese Entscheidung mit folgender Begründung auf: "Bei pflichtwidrig unterlassenen Erste-Hilfe-Maßnahmen von Sportlehrern bei einem Unglücksfall während des Sportunterrichts beschränkt sich die Haftung (§ 839 BGB, Art. 34 Satz 1 GG) nicht auf Vorsatz und grobe Fahrlässigkeit, da das Haftungsprivileg für Nothelfer (§ 680 BGB) nicht eingreift."

Insofern ist die Problematik einer latenten Gefahr nicht von der Hand zu weisen, dem sich Schulen seit Jahren gegenüber sehen. Allein in Berlin geschehen mehr als 200 Unfälle an Schulen pro Unterrichtstag, Tendenz steigend.
Hinzu kommt ein weiteres Problem, was nach offizieller Lesart seit mindestens zehn Jahren rückläufig sein sollte: Die Kriminalität an Schulen in Deutschland nimmt wieder stark zu. Etliche Bundesländer haben in den letzten Jahren einen spürbaren Anstieg der Delikte registriert, wie die Landeskriminalämter in ihren Statistiken ausweisen. Dabei tauchen in den Zahlen lediglich die Fälle auf, die auch zur Anzeige gelangen. Zu den Ursachen dieser Entwicklung gibt es noch keine plausible Erklärung. Die Personalsituation ist aber wohl ein wesentliches Moment dieser Problemfelder. An vielen Orten kann man schon den Unterricht nicht mehr sicherstellen, geschweige denn genügend Aufsicht für die Pausen bereithalten.

Soweit aber diese Thematik nicht in den Griff zu bekommen ist, erübrigen sich eigentlich Diskussionen um die vermeintlichen Vorteile früh einsetzender Ganztagsbetreuung. Auch Personal wird sich nicht ohne weiteres auf ein

System einlassen, dass immer noch stark problembehaftet ist. Schließlich tragen Lehrerinnen und Lehrer allein durch die Aufsichtspflicht ein Höchstmaß an Verantwortung.

Die Eltern als Erziehungsberechtigte vertrauen während Zeiten des Unterrichts und schulischer Veranstaltungen ihre Kinder der Schule an. Daraus resultiert ein Anspruch darauf, dass die (übertragene) Aufsichtspflicht entsprechend sorgfältig wahrgenommen wird. Danach ist es die Pflicht des jeweiligen Lehrpersonals, die ihm anvertrauten Schüler zu beaufsichtigen, Schaden von ihnen abzuwenden und Straftaten zu vermeiden. Verletzungen der Aufsichtspflicht können Amtshaftungs- und Schadenersatzansprüche der Geschädigten begründen. In Betracht kann aber auch eine strafrechtliche Verantwortlichkeit kommen, soweit dem Aufsichtspflichtigen ein vorwerfbares Fehlverhalten nachgewiesen werden kann. Der nun vom Bundesgerichtshof behandelte Fall sollte bundesweit zum Nachdenken anregen. Dabei geht es nicht nur um die Erste Hilfe an sich, das grundsätzliche Pflichtverständnis steht hier in Rede.

Die Schulen in Deutschland brauchen wohl zukünftig mehr als nur Lippenbekenntnisse politischer Akteure. Solange Unzufriedenheit den Alltag bestimmt, überträgt sich das auf alle Beteiligten und löst immer weitere Probleme aus.

Ganztagsbetreuung vs. Lehrermangel

„Wir werden einen Rechtsanspruch auf Ganztagsbetreuung im Grundschulalter schaffen." So tönt es seit Jahren aus dem Bundesbildungsministerium, trotz unterschiedlichster Besetzung. Doch wenn es in Deutschland um Schule geht, dann wird es kompliziert. Die Länder verteidigen auf diesem Terrain ihre Hoheit und lassen sich vom Bund nur mit viel Geld zu ernsten Reformen bewegen. Zumindest beim Thema Ganztagsbetreuung scheint die Summe von 3,5 Milliarden Euro nun so verlockend gewesen sein, dass der Zeitplan für die Umsetzung feststeht und im sogenannten Ganztagsförderungsgesetz verankert worden ist. Ab August 2026 sollen zunächst alle Grundschulkinder der ersten Klassenstufe diesen Anspruch erhalten, in den Folgejahren wird dieser dann um je eine Klassenstufe ausgeweitet. Ab August 2029 soll dann jedes Grundschulkind der Klassenstufen eins bis vier einen Anspruch auf ganztägige Betreuung haben.

Aktuell ist die Betreuung von Grundschulkindern in § 24 Abs. 4 SGB VIII festgeschrieben. Dort ist geregelt, dass für Kinder im schulpflichtigen Alter ein bedarfsgerechtes Angebot in Tageseinrichtungen vorzuhalten ist. Ein Rechtsanspruch auf Betreuung von Grundschulkindern besteht bisher lediglich in vier Bundesländern: Brandenburg, Hamburg, Sachsen-Anhalt und Thüringen. Doch allen 16 Ländern ist gemein, dass sie inzwischen mit einem ganz anderen Problem der Zukunft zu kämpfen haben: Der Lehrermangel wird immer akuter.

In Sachsen-Anhalt beispielsweise musste zwischenzeitlich eine Grundschule schließen, weil die wenigen verbliebenen Lehrer alle erkrankt waren. Die vakante Rektorenstelle war seit langem schon verwaist und personelle Rettung bis dato nicht in Sicht. Zur Rettung der misslichen Situation mussten Siebtklässler eines Gymnasiums die so dringend benötigte Bildung vermitteln. Aber auch in vielen anderen Schulen weiterer Bundesländer arbeitet man hart an der Kapazitätsgrenze. Mancherorts sind bereits Eltern zu Lehrpersonal mutiert. Laut einer Prognose fehlen bis 2025 etwa 200.000 Lehrer und Lehrerinnen im Bundesgebiet.

Ursachen für diese Entwicklung gibt es sicher einige: Falsche Personalplanung, Sparprogramme und eine Fehleinschätzung der Geburtenentwicklung sind hier aber die gravierendsten.

Den vielfach sehr verkrusteten Strukturen im Bereich der Bildung ist ohnehin nicht leicht beizukommen. Das zeigt sich auch am Thema Quereinsteiger, die vor allem an Grundschulen keiner so recht will. Der Dünkel der Pädagogen schlägt hier gnadenlos durch und ignoriert fachliche und vor allem praktische Kompetenzen.

Zusätzlich werden in einigen Bundesländern inzwischen vermehrt Teilzeitvereinbarungen auf den Prüfstand gestellt, Beurlaubungen eingeschränkt und der Einsatz von Referendaren erleichtert. Allein diese Maßnahmen reichen nicht, den Lehrermangel der Zukunft zu beheben. Zu lange wurde die Personalproblematik hinten angestellt.

Die größte Not macht erfinderisch: So prüfen einige Bundesländer bereits das Personal aufgeblähter Schulverwaltungen, um hier dringend benötigte Kapazitäten freizusetzen. Schließlich tummeln sich dort ausgebildete Lehrer zuhauf. Schon in früheren Jahren hatte man zaghaft versucht, diese Verschwendung von Kapazitäten zu begrenzen. Doch scheiterte dies regelmäßig an Interventionen der Bildungsverwaltungen selbst. Zu bequem sind die gewonnenen oder in Aussicht stehenden Modalitäten der Beschäftigung.

Soll der angestrebte Rechtsanspruch auf Ganztagsbetreuung in der Grundschule nicht zum niveaulosen Verwahrverhältnis mutieren, braucht es eine gesicherte personelle Sicherstellung. Zum Gelingen müssen Vorbehalte aufgegeben und Strukturen neu überdacht werden. Die Bildung braucht ohnehin frischen Wind aus der Praxis.

Wenn die Schulform zum Chancenkiller wird

Die Schulbildung und der dabei erreichte Schulabschluss sind entscheidend für die beruflichen Chancen in der Zukunft. Was wie eine Binsenweisheit klingt, das wird immer öfter zu einem harten Kampf um die begehrten Plätze. Die Wahl der Schulform ist heute ein wichtiges Kriterium bei der Sicherung der besten Chancen. Wer hier auf der Strecke bleibt, der hat es zunehmend schwerer, berufliche Ziele verwirklichen zu können.

Dabei ist der freie Zugang zu allen Schulformen gesetzlich garantiert. Benachteiligungen darf es auf diesem Gebiet nicht geben. Doch grau ist alle Theorie, sobald sie auf die Wirklichkeit trifft. Die Plätze in Gymnasien und anderen begehrten Schulen sind begrenzt. Oft entscheidet die Reihenfolge bei der Anmeldung über Einlass oder Verweigerung. In manchen Gegenden wird das sogar ausgelost. Gerechtigkeit beim Zugang zu allen Möglichkeiten der Bildung sieht sicher anders aus.

Noch krasser wirken Entscheidungen über die Schulform nach, die schon bei den berühmt- berüchtigten Eingangsuntersuchungen getroffen werden. Relevant wird die hier gegebene Empfehlung für die Schullaufbahn in erster Linie bei Kindern mit Behinderungen. Der sogenannte sonderpädagogische Förderbedarf, der bei der Untersuchung festgestellt wird, dient als verlässlicher Indikator für die letztlich besuchte Schulform.

Zwar steht es den Eltern frei, für ihre Kinder auch eine integrative oder gar inklusive Regelschule auszuwählen. Doch auch dieser Wunsch scheitert oft an der Wirklichkeit. Inklusive Schule ist inzwischen für viele Lehrer und auch Eltern zum Fantasiegebilde der Zukunft verkommen. Trotz internationaler Konvention und der Verpflichtung zur verbindlichen Rechtsumsetzung auch in Deutschland.

Ohnehin ist selbst bei Ergattern eines Regel-Schul-Platzes für die meisten Behinderten nach der Grundschulphase Schluss. Hiernach geht es überwiegend nur noch in den Förderzentren weiter. Nicht gerade die besten Aussichten für spätere berufliche Chancen. Für tausende Kinder vollzieht sich dieser Weg alljährlich und er wird zur Einbahnstraße. Das, obwohl in den Schulgesetzen ausdrücklich die regelmäßige Überprüfung des Förderbedarfs geregelt ist. Die Zahl derer, die den Stempel des sonderpädagogischen Förderschülers wieder abstreifen können ist verschwindend gering. Die Chancengleichheit wird für diese Kinder damit auf nahezu Null reduziert.

Doch das ist ein glatter Verstoß gegen geltendes Recht, der nicht ohne Folgen bleiben darf. So entschied auch das Landgericht Köln im Falle eines inzwischen der Schulpflicht entwachsenen Betroffenen (LG Köln, AZ: 5 O 182/16). Dieser musste seine Schulzeit an einer Förderschule für geistige Entwicklung verbringen, obwohl es Anzeichen dafür gab, dass er auch auf einer Hauptschule hätte erfolgreich sein können. Sogar selbst regte er als Schüler die Aufhebung seines vermeintlichen Förderbedarfs an. Da die gesetzlich vorgeschriebene Überprüfung dennoch nicht stattfand, ihm mithin auch alle Chancen auf eine zeitnahe Ausbildung verwehrt wurden, forderte er Schadensersatz vom Land.

Das Gericht gab ihm Recht. Soweit die gesetzlich geregelte Überprüfung des Förderbedarfs nicht regelmäßig stattfindet, macht sich das jeweilige Bundesland wegen Amtspflichtverletzung schadensersatzpflichtig. Dabei können neben einem prognostizierten Verdienstausfall auch Ansprüche auf Schmerzensgeld die Höhe des Ausgleichs bestimmen. Wäre der Wegfall des Förderbedarfs festgestellt worden, hätte der Betroffene auf eine Regelschule wechseln und dort einen Abschluss machen können.
Der staatliche Eingriff in die Chancengleichheit muss also ständiger Überprüfung unterliegen. Eine einmal getroffene Entscheidung darf den Nachteil für das Kind nicht für alle Zeit zementieren. Diese Entscheidung sollte so manches Bildungsressorts in den Ländern aufhorchen lassen. Von einem krassen Einzelfall zu sprechen, wäre wohl mehr als blauäugig.

Vor allem sollte man sich in allen Bildungsressorts schnellstens daran machen, Inklusion im Schulbetrieb endlich als das umzusetzen, was der Grundgedanke und das geltende Recht schon seit Jahren verlangen. Rund 330.000 Kinder besuchten zuletzt eine Förderschule - Tendenz wieder steigend. Dabei ist bereits das Verfahren zur Feststellung des sonderpädagogischen Förderbedarfs unvereinbar mit der UN-Behindertenrechtskonvention und dem Recht des Kindes auf inklusive Bildung. Eine immer kleinteiligere Separation führt in ihrer Folge zur Verfestigung einer schulischen Parallelwelt, die sich auch im weiteren Leben der Betroffenen fortsetzt. Die leidigen Förderschwerpunkte orientieren sich vornehmlich am vorhandenen System der Förderzentren. Was dort nicht passt, das wird nicht selten auch noch passend entschieden. Traditionelles sonderpädagogisches Denken und das medizinische Modell von Behinderung sind weiterhin dominant. Danach ist immer das Kind das Problem und nicht die fehlende Anpassungsfähigkeit des Systems an das Kind. So werden von vornherein Entwicklungswege aktiv behindert und Chancen begrenzt.

Während der Corona-Pandemie kam es zu massenhaften Schulschließungen in ganz Deutschland. Die Bildungsverwaltungen der Länder waren damit aber auch schon am Ende ihres Lateins. Die sonst so betonte Unabdingbarkeit schulischer Bildung war plötzlich zur Nebensache mutiert. Mehr noch: Das hochentwickelte Deutschland hatte es nicht ermöglicht, den Schulbetrieb digital weiter aufrecht zu erhalten. Von derlei Möglichkeiten ist man vielerorts Lichtjahre entfernt.

Was Gymnasiasten und Sekundarschüler dann mit Eigeninitiativen und den Möglichkeiten des Internet einigermaßen in den Griff bekamen, versagte in vielen Haupt- und Grundschulen nicht nur an den fehlenden Voraussetzungen. Oft war auch das zielgerichtete Engagement ein Totalausfall. Erst recht machte sich dieses Chaos im Bereich der Förderschulen bemerkbar. Die als besonders förderwürdig eingestufte Klientel war von heute auf morgen vom Bildungsbetrieb abgeschnitten.

Auf die Schulschließungen hat das Bundesverfassungsgericht inzwischen sehr deutlich reagiert und Grundsätzliches zu den Verfügbarkeiten von Bildungsangeboten betont (BVerfG, Entscheidung vom 21.November 2021, AZ: 1 BvR 971/21, 1069/21).

Die Schulbildung, so das Bundesverfassungsgericht, ist neben der elterlichen Pflege und Fürsorge eine Grundbedingung dafür, dass sich Kinder und Jugendliche zu einer eigenverantwortlichen Persönlichkeit in der sozialen Gemeinschaft entwickeln können. Auch bei notwendigen, unumgänglichen Schulschließungen haben Kinder und Jugendliche aber einen Anspruch auf Durchführung von Distanzunterricht als einklagbares unverzichtbares Minimum schulischer Bildung. Dazu bedarf es zukünftig deutlich stärkerer Anstrengungen, vor allem bei der Digitalisierung.

Gleichzeitig erkennt das Bundesverfassungsgericht ein Recht auf gleichen Zugang zu schulischer Bildung an. Dieses sieht es als verletzt, wenn bestehende Zugangsvoraussetzungen willkürlich oder diskriminierend ausgestaltet oder angewendet werden. Das Bundesverfassungsgericht verweist dabei auf Art. 24 Abs. 2 UN-BRK und stellt fest, dass diese Regelung eine Diskriminierung behinderter Menschen beim Zugang zur Schule verbietet. Es sind angemessene Vorkehrungen zu treffen, um behinderten Menschen den Zugang zur Schule zu ermöglichen.

Ein erfolgreiches System in der Krise

Die Verknüpfung von Berufsschule und betrieblicher Praxis galt mal weltweit als wegweisend. Die duale Ausbildung hat lange Zeit das positive Image deutscher Wirtschaft in der Welt verstärkt. Doch in den letzten Jahren ist das System in Deutschland ins Gerede gekommen. Dabei treten viele Unzulänglichkeiten zu Tage, die aber bisher weder offen diskutiert noch einer Lösung zugeführt werden. Vielmehr wird permanent die Schuld zwischen Bildungsverwaltung und Vertretern der Wirtschaft hin und her geschoben. Den Schulabgängern und den Auszubildenden hilft das herzlich wenig. Sie bleiben regelmäßig auf der Strecke.

Viel zu lange ist das ursprünglich mal sehr durchdachte System unangetastet geblieben. Jegliche Erneuerung und Anpassung an wirtschaftlich notwendige Veränderungsprozesse geht seit Jahren an den Berufsschulen vorbei. Auf einen rasant wachsenden Bedarf an Fachkräften in den Bereichen Informationstechnik, Kommunikationstechnik oder Elektronik ist man dort schlicht nicht vorbereitet. Es fehlen Fachkräfte zur Vermittlung des Wissens ebenso wie auch die technische Ausstattung hierfür. Das veranlasste schon viele Großbetriebe dazu, eigene Berufsschulen massiv auszubauen, in denen bedarfsgerecht und innovativ ausgebildet wird. Diese Eigenlösung ist extrem teuer, aber auch in höchstem Maße effektiv.

Das Gros der Berufsschulen leidet unter zunehmendem Azubi-Mangel. Hingegen haben viele mittelständische und vor allem kleine Unternehmen ihr Ausbildungsangebot stark gekürzt. Andere finden unter den Schulabgängern

immer weniger geeignete Nachwuchskräfte. Die Bildungsverwaltung steht doppelt unter Druck. Die wichtigste Aufgabe von Schule ist die qualifizierte Vorbereitung auf einen
Abschluss, der zur Aufnahme einer beruflichen Ausbildung befähigt. Wenn Betriebe heute beklagen, dass Bewerber kaum rechnen können, Rechtschreibung und Sprache
nur dürftig beherrschen und ihre sozialen Kompetenzen
kaum ausgeprägt sind, ist der Auftrag von Schule schlicht
nicht erfüllt. Die Betriebe verzichten immer mehr auf derlei
Schulabgänger, diese landen dann in der Endlosschleife
von Vorbereitungsmaßnahmen.

Mit abnehmender Schülerzahl entzieht die Verwaltung
dem System der Berufsschulen auch Geld. Damit kann sich
dieses nicht weiterentwickeln und verwaltet oft nur noch
den Mangel. Um nicht auch noch den Ruf gegenüber der
IHK und den Azubis zu verlieren, werden die Qualitätsan-
forderungen in der Ausbildung immer weiter abgesenkt.
Das bringt die einstmals zum Vorzeige-System gewordene
duale Ausbildung in Verruf. Doch nun nur noch Studien-
abbrecher zu umwerben, kann keinesfalls die Lösung der
Probleme sein. Sie werden nicht unbedingt die besseren
Fachkräfte.

Es ist höchste Zeit, dass Betriebe nicht nur auf Besten-Fang
gehen, sondern lange vor dem Abschluss in die Schulen.
Dort können sie ihr Zukunftspersonal zeitig umwerben,
interessieren und auch fördern. Die Bildungspolitik ist ge-
fordert, endlich die Berufsschulen an die Technologiean-
forderungen der Gegenwart anzupassen und die frühe Zu-
sammenarbeit zwischen Schulen und Wirtschaft zu fördern. Es reicht eben nicht, auf starke Technologieunter-
nehmen im Land nur zu hoffen und über die industrielle

Zukunft zu sinnieren. Das benötigte Personal ausbilden zu können, gehört verbindlich dazu. Sonst lohnt sich ein Standort Deutschland bald nicht mehr.

Digitalisierung in der Bildung bleibt mangelhaft

Die Digitalisierung schreitet unaufhaltsam voran, in allen Lebensbereichen. Sie dringt auch in Sphären vor, die wir als Deutsche bisher immer noch für nicht digitalisierbar gehalten haben. Unser Denken aber hinkt noch viel zu oft der Entwicklung nach. So beispielsweise in der Bildung. Während in Deutschland sehr träge daran gewerkelt wird, die Klassenzimmer mit Computern auszustatten und die Breitband-Infrastruktur für die Internetnutzung zu schaffen, ist man international schon längst dabei, die zukunftsorientierten Inhalte der benötigten Software immer weiter zu optimieren.

Was das für zukünftige Generationen bedeuten kann, das mussten viele Schülerinnen und Schüler in der Corona-Pandemie wiederholt und leidlich erfahren. Was da so alles immer noch als digitale Lernform proklamiert wurde, das hat mit den Möglichkeiten des 21. Jahrhundert nur sehr wenig gemein. Wir haben in Deutschland den Anschluss längst verloren. Gerade deshalb muss auf diesem Gebiet endlich Gas gegeben werden. Weitere Versäumnisse rächen sich sonst demnächst mit gravierenden ökonomischen Nachteilen.

Es gibt hierzulande keinen verlässlichen Datenbestand hinsichtlich der digitalen Infrastruktur an Schulen. Nach Aussage führender Bildungsforscher ist Schule weitestgehend dort stehengeblieben, wo es um die Hardware geht - ein Whiteboard für die Klasse, mancherorts sogar einen Computer für jeden Schüler. Gelernt wird über alle Schulformen bis hin zur Berufsschule aber weiter im Akkord. Individualisierung ist weitestgehend ein Fremdwort. Schüler müssen immer noch gleichgeschaltet funktionieren.

Darüber hinaus fehlt es bei der Lehrerschaft flächendeckend an digitalen Kompetenzen und einer gezielten Weiterbildung. Eine gelebte Kultur der Verweigerung erschwert demnach nicht nur die Digitalisierung an den Schulen, sie wird weitestgehend verhindert. Eine zukunftsweisende Strategie für den Einsatz der komplexen digitalen Möglichkeiten fehlt bisher völlig.

Mit zeitgemäßer Wissensvorbereitung auf die Berufsfindung und das künftige Leben hat das natürlich nichts gemein. Da sind viele europäische Staaten und vor allem die oft gescholtenen Amerikaner deutlich fortschrittlicher orientiert. Dort stellen immer mehr Softwarefirmen ihr Knowhow privaten aber auch staatlichen Schulen zur Verfügung. Die zeitgemäße Entwicklung der digitalen Kompetenz wird geradezu forciert.

Education Technology, kurz EdTec, ist so ein Trendfeld der Software-Kreativen. Wer hier die innovativsten Lösungen hervorbringt, kann sich des Interesses vieler Investoren sicher sein. Dann nimmt die Entwicklung des Themas erst so richtig Fahrt auf. Kein Wunder also, dass man sich vor allem im Silikon Valley dieser Materie widmet. In neue, außergewöhnliche Bildungsplattformen wird vor allem in den USA seit Jahren viel Geld investiert. Dabei hat der wirkliche Hype auf diesem Gebiet gerade erst begonnen.

Es geht aber hier nicht um kleine digitale Helfer und anderen Schnickschnack. Es geht um völlig neue Lernwelten, wo Klassenarbeiten und Tests keine Rolle mehr spielen. Jeder soll mit Hilfe intelligenter Software sein Potential frei entfalten können, weil die Förderung dabei grundsätzlich individuell ausgerichtet ist. Nicht der zu vermittelnde Stoff steht im Mittelpunkt, sondern die Möglichkeiten des Einzelnen. Das komplexe Begreifen vielschichtiger Entwicklungsbreite und -tiefe ist in Deutschlands heutiger Schulform für Lehrer nicht möglich. Zu eng ist die Bindung an den vorgegebenen Lernstoff.

Dabei wird das digitale Lernen in naher Zukunft auch bei uns die Rolle des Lehrers völlig verändern. Vor allem bei der Vermittlung von Grundlagenwissen kann die Technik effizient entlasten. Der Trend ist durch die Pandemie verstärkt worden, trotz aller Versäumnisse aus der Vergangenheit.
Lehrer werden demnach in Zukunft nicht mehr die alleinigen Vermittler des Wissens sein, sondern eher Sachwalter, die ihre Schüler durch die Komplexität der gebotenen Möglichkeiten lotsen und begleiten. Schüler selbst werden durch Interaktionen mit modernen Systemen die Inhalte füllen, vervollständigen und ständig aktualisieren.

Auch hierzulande könnten Lehrer neue Methoden unterschiedlichster Plattformen durchaus schon umfassend nutzen. Das tun sie bisher aber kaum. Zu umständlich und langsam malen die Mühlen deutscher Bürokratie. Persönliches Engagement vieler Lehrkräfte trifft auf Unverständnis seitens der politisch Verantwortlichen. Eine Kultusministerkonferenz, die an Behäbigkeit nicht mehr zu überbieten ist, grätscht immer noch in jede Innovation bremsend hinein. Viel zu angenehm ist inzwischen die selbst verordnete Bedeutung geworden. Geschwindigkeit wirkt da nur störend.

Auch eine Staatsministerin für Digitalisierung konnte in den vergangenen Jahren nicht mit Ergebnissen brillieren, die ihrer Position ein gewisses Maß an Rechtfertigung verleihen könnten. Wirkliche Innovationen wurden weder angestoßen noch intensiv gesucht. Ansonsten wäre man auch im digitalen Entwicklungsland Deutschland fündig geworden. Geld war schließlich genug vorhanden. Es kam nur nicht dort an, wo Digitalisierung das Thema Bildung hätte umfassend aufgreifen können.

Nunmehr ist für diese Aufgaben sogar ein Bundesministerium zuständig. Doch das allein macht die Dinge noch nicht besser. Allein der Glaube fehlt inzwischen, dass Innovationen mit der notwendigen Konsequenz und Geschwindigkeit auch umgesetzt werden. Viel zu restriktiv sind die Ansätze, die sich immer wieder vor allem in übermäßig verklausulierten Regelwerken verheddern.

Dabei gibt es auch hierzulande gute Ansätze beim digitalen Lernen. Da Fortschritt und Innovation sich bekanntlich nie aufhalten lassen, werden es letzten Endes Schüler, Studenten und auch Lehrer selbst sein, die das Ganze auch ins deutsche Bildungssystem einbringen und Veränderungen der Lernkultur damit erzwingen. Schulbücher und ähnliches Material wird man dann schon in wenigen Jahren nicht mehr brauchen.

Darüber hinaus könnte eine anhaltende und finanziell großzügige Förderung der Digitalisierung in der Bildung noch ein weiteres Problem mindern: Gemeint ist der allgegenwärtige Lehrermangel. Bisher überbieten sich die einzelnen Länder mit oft fragwürdigen Lösungsansätzen, die vor allem aber von Verzweiflung zeugen. Es braucht hier eine konzertierte Aktion des Bundes, ähnlich der in der Pflege. Der Staat macht sich lächerlich, wenn er Schulpflicht propagiert und die zeitgemäßen und auskömmlichen Voraussetzungen dafür nicht bieten kann. Die Digitalisierung schafft bereits in vielen Wirtschaftszweigen personelle Entlastungen. Warum nicht auch demnächst in der Bildung?

Berufskunde ist auch für Lehrer sinnvoll

Nicht erst der Social Media Post einer Schülerin machte das Problem bekannt: Diese hatte vor einigen Jahren öffentlichkeitswirksam gepostet, dass sie zu wenig Lebenspraktisches in der Schule gelernt habe. Dafür könne sie aber eine Gedichtanalyse in vier Sprachen aufbieten. Soll heißen: Praktisches Wissen für das weitere Leben wird bisher nur sehr rudimentär und auch äußerst oberflächlich vermittelt. Dazu zählen auch umfassend inhaltliche Kenntnisse über Berufe, die Berufskunde. Doch das deutsche Bildungssystem scheint inzwischen so träge geworden zu sein, dass man der gesellschaftlichen Entwicklung und den sich daraus bildenden Erfordernissen weit hinterher hinkt.

Die Wirtschaft beklagt seit langem eine sinkende Bildungsqualität bei vielen Schulabgängern. Während Industriebetriebe dazu übergehen, notwendige Kompetenzen bei den Azubis nachträglich und aufwendig zu schulen, verweigern auch viele kleinere Betriebe inzwischen die Aufnahme offensichtlich ungeeigneter Bewerber allein schon aus Kostengründen. Das Ergebnis der Entwicklung ist fatal: Jährlich gibt es eine enorme Anzahl unversorgter Bewerber. Kleinere Betriebe ziehen sich vorerst komplett aus dem Lehrstellenmarkt zurück. Doch dabei ist noch nicht einmal berücksichtigt, dass rund 25 Prozent der Jugendlichen, die einen Ausbildungsplatz ergattert haben, diesen entweder wechseln oder die Lehre ganz abbrechen.

Gründe für die Passungsprobleme gibt es sicher reichlich Einen wichtigen Grund haben Experten nicht zuletzt darin ausgemacht, dass vielen Schulabgängern das Wissen um die Möglichkeiten am Ausbildungsmarkt fehlt. Kaum einem Schüler ist bekannt, dass es mehr als 300 Ausbildungsberufe in 16 Berufsfeldern gibt. Geschweige denn sind inhaltliche Anforderungen auch nur annähernd bekannt. Eine fundierte Berufskunde, die Inhalte, Anforderungen und Perspektiven vermittelt, würde so manchem Schulabgänger den teuren Fehlgriff ersparen. Der Wirtschaft gingen dann weniger Millionen verloren, die in abbrechende Azubis investiert worden sind.

Da die jungen Menschen den überwiegenden Teil ihrer Zeit in der Schule verbringen, sollte auch hier der Grundstein beruflicher Orientierung gelegt werden. Schule soll auf das Leben vorbereiten und zur Aufnahme einer Berufsausbildung befähigen. So steht es in allen Schulgesetzen der Bundesländer geschrieben. Demnach ist es ein unbedingtes Erfordernis, den Schülern qualifizierte Einblicke in den Ausbildungsmarkt zu geben. Auch müssen sie dabei Bewerbungsabläufe und deren Formalien trainieren.

Doch das führt nicht zu sinnvollen Zielen, wenn den Pädagogen selbst das Wissen zur Berufskunde fehlt. Zuerst müssen also diese umfänglich mit dem Thema vertraut gemacht werden. In Bayern geht man diesen Weg schon seit geraumer Zeit. Die Erfolge sind wohl mit Blick auf die dortigen Ausbildungsmärkte auch deutlich sichtbar.

Was vor Jahren noch flächendeckend als Arbeitskunde in ganz Deutschland verpflichtender Lerninhalt war, ist als Unterrichtsfach nur noch rudimentäres Anhängsel in Haupt- und Gesamtschulen. In allen anderen Schulformen scheint die wichtige Thematik komplett in Vergessenheit geraten zu sein. Aus der Not heraus wird aber nun wieder mal versucht, mit großem finanziellen Aufwand Lehrer und Schule an ihre ureigenen gesetzlichen Pflichten heranzuführen. Berufskunde auch für Lehrer steht hier auf der Agenda.

Da in vielen Bundesländern inzwischen auch Quer- und Seiteneinsteiger aus der Wirtschaft in den Schulbetrieb Einlass finden, könnte man diese besonders praxiserfahrene Klientel auch vordergründig für die Berufsorientierung der Schüler begeistern. Aufwand und Nutzen stünden hier mal wieder in einem gesunden Verhältnis.

Freiwilligendienste - Sprungbrett und Problemlöser

Mit konstanter Regelmäßigkeit treten immer wieder Politiker an, um aktuelle Probleme der Gesellschaft mit durchdachten Entscheidungen zu lösen. Doch im Grunde wird dabei lediglich in Aussicht gestellt, über profunde Lösungsansätze zu verfügen. Diese werden dann oft erst anhand aktueller Entwicklungen weiterentwickelt und präzisiert. Nicht immer gelingt eine Lösung, obwohl das in den Wahlversprechen noch ganz einfach klang.

So ähnlich funktioniert das seit vielen Jahren auch bei der Thematik des Fachkräftemangels in der Pflege. Als Notnagel steht dann auch ganz regelmäßig wieder eine Dienstpflicht in Rede, um das lästige Problem endlich vom Tisch zu verbannen. Das, obwohl es seit langem sehr verlässliche Instrumente am Markt gibt: Die Freiwilligendienste erledigen bisher sehr klaglos das, was gesellschaftlich seit langem verschlafen wird. Würde man diese auch noch gesamtgesellschaftlich aufwerten, dann können daraus auch zukünftig echte Problemlöser werden.

Freiwilligendienste sind eine Form des sozialen Engagements. Die Aufgabenfelder sind breit gestreut, ein Spielfeld für viele Interessen. Lange schon stieg die Zahl derer, die sich zeitlich begrenzt in den Dienst für andere stellen, stetig an. Doch seit 2018 ist ein konstanter Rückgang des Interesses zu verzeichnen. Mangelndes gesellschaftliches Anerkenntnis und nur sehr geringe finanzielle Unterstützung laden nicht gerade dazu ein, das Ganze zu einem MUSS persönlicher Entwicklung werden zu lassen. Dabei sind die Dienste im gesamtgesellschaftlichen Interesse und könnten bei deutlich besserer Förderung auch so manches Personalproblem lösen, kurzfristig und vor allem auch langfristig.

Immerhin entscheiden sich noch jährlich Tausende Jugendliche nach dem Abschluss ihrer Schullaufbahn für zeitlich begrenzte Freiwilligendienste. Die Motivationen hierfür sind durchaus ähnlich: So werden oft die nötigen Impulse gesucht, um für sich persönlich eine ansprechende berufliche Zukunft zu finden. Für andere ist es eine sinnvolle Überbrückung der Wartezeit auf einen Studien- oder Ausbildungsplatz. Mancher Teilnehmer setzt auch auf den Vorteil: So können Freiwilligendienste als Praktikum oder Anerkennungsjahr für bestimmte Ausbildungen oder Studiengänge Berücksichtigung finden. Die Zeit wird bei vielen Hochschulen als Wartezeit angerechnet und ermöglicht oft Sonderpunkte bei der Bewerbung.

Entgegen vieler Behauptungen sind die Freiwilligendienste aber nicht durchgängig nur für junge Menschen geöffnet. Vor allem im Bundesfreiwilligendienst setzt man verstärkt auch auf das Engagement älterer und erfahrener Menschen. Umso unverständlicher erscheint es, dass derlei Einsatz weitestgehend ein Randthema ist und nur sporadisch Anerkennung erfährt. Derlei gehört in die Mitte der Gesellschaft und vor allem auch finanziell stärker gefördert.

Zur Orientierung, die bekanntesten Freiwilligendienste:
Bundesfreiwilligendienst (BFD)
Der BFD ist die Nachfolgeinstitution des Zivildienstes auf freiwilliger Basis. Dafür steht der Dienst natürlich auch Frauen und älteren Menschen offen. Abgeleistet wird der Dienst vor allem in Einrichtungen der Wohlfahrts-, Gesundheits- und Altenpflege sowie der Behindertenhilfe, aber auch in der Kinder- und Jugendhilfe, im Katastrophenschutz oder im Umweltschutz. Der Dienst dauert auch hier in der Regel 1 Jahr, mindestens jedoch 6 Monate, höchstens 24 Monate. Als Aufwandsentschädigung werden mindestens 150 Euro pro Monat bezahlt, höchstens jedoch 357 Euro. Urlaub bekommt man natürlich auch, mindestens 24 Tage pro Jahr. Bewerben muss man sich beim jeweiligen

Träger, der auch die Versicherung übernimmt. Im Unterschied zu anderen Programmen gibt es keine Altersgrenze nach oben, die Dauer kann auf zwei Jahre verlängert und auch in Teilzeit durchgeführt werden. Zudem sind nach fünfjähriger Pause Wiederholungen möglich. Wie der Name schon sagt, kann der BFD nur in Deutschland geleistet werden, während FSJ und FÖJ auch im internationalen Rahmen geleistet werden können.

Freiwilliges soziales Jahr (FSJ) und Freiwilliges ökologisches Jahr (FÖJ)
Beide Freiwilligendienste unterscheiden sich allein hinsichtlich der Einrichtungen, in denen sie abgeleistet werden können. Während das FSJ vorwiegend in der Alten-, Kranken- oder Behindertenpflege, der Kinderbetreuung, Jugendfreizeit, im Sport, der Kultur oder in der Denkmalpflege erfolgt, bieten für das FÖJ vor allem Einrichtungen in der Landschafts- und Forstpflege, in der ökologischen Landwirtschaft, in der Umweltbildung, in der Umweltinformation sowie Religionsgemeinschaften Plätze an. Sowohl FSJ als auch FÖJ dauern in der Regel 1 Jahr, mindestens jedoch 6 Monate und höchsten 18 Monate. Bewerben muss man sich beim jeweiligen Träger, der auch die Versicherung übernimmt. Zugang besteht nach dem Ende der Schulpflicht bis zum 27. Lebensjahr. Aufwandsentschädigung und Urlaubsanspruch sind identisch mit denen im BFD.

Europäischer Freiwilligendienst (EFD)
Beim Europäischen Freiwilligendienst wird die Möglichkeit geboten, in einem Zeitraum von sechs bis 12 Monaten ins europäische Ausland zu gehen. Dort arbeitet man in einer gemeinnützigen Einrichtung oder Organisation und lernt

gleichzeitig den Lebensalltag des Landes kennen. Projekte gibt es im sozialen, kulturellen, sportlichen oder ökologischen Bereich. Mitmachen kann jeder, der zwischen 18 und 25 Jahren alt ist. In Ausnahmefällen kann man auch schon ab 16 bzw. bis 30 teilnehmen. Ansonsten sind keine Bedingungen gegeben. Der EFD ist ein von der Europäischen Union gefördertes Programm und für die Freiwilligen kostenlos. Daneben gibt es noch diverse internationale Freiwilligendienste, wie zum Beispiel „weltwärts" oder „kulturweit".

Der Ferienjob und seine Regeln

Ferien unterbrechen aller paar Wochen das Schuljahr. Im Sommer gar für rund sechs Wochen, bevor hiernach ein neues beginnt. Endlich kann man als geplagter Schüler all das tun, was während stressiger Schulwochen zu kurz kommt.

Mit Müßiggang hat das aber nur in den wenigsten Fällen etwas zu tun. Viele Schüler wollen in den Ferien arbeiten, ihre finanzielle Basis verbessern. Das Leben ist teuer, schon als Schüler. Handy, Klamotten, Party, alles ist mit Kosten verbunden. Wohl dem, der seinen Geldbeutel regelmäßig nachfüllen kann. Deshalb sind gerade Ferienjobs beliebt. Da kann man ordentlich klotzen. Wer geglaubt hat, dass der Bedarf an Ferienjobbern eher gering ist, der sieht sich getäuscht. Dabei muss man aber generell einiges beachten, damit sich das Ganze zum Schluss auch lohnt. Kein Ferienjob ohne Regeln.

Im Gegensatz zu vielen falschen Darstellungen, liegt das Mindestalter für Aushilfsjobs bei 13 Jahren. Darunter geht offiziell nichts. 13- bis 15-Jährige dürfen täglich zwei bis drei Stunden leichte Tätigkeiten ausüben. Ab dem 15. bis zum 18. Lebensjahr dürfen Schüler maximal 40 Stunden pro Woche im Rahmen der Fünf-Tage-Woche arbeiten. Mit einer Einschränkung: Die Arbeit muss zwischen sechs Uhr morgens und 20 Uhr abends stattfinden. Nachtarbeit ist in der Regel in diesem Alter verboten. Von dieser Regel gibt es nur wenige Ausnahmen: Im Bäckerhandwerk dürfen 16-Jährige um 5 Uhr anfangen, 17-Jährige um 4 Uhr. In der Landwirtschaft dürfen Jugendliche über 16 Jahre ab 5 Uhr bzw. bis 21 Uhr arbeiten. Im Gaststättengewerbe sogar noch eine Stunde länger. Arbeiten 14- oder 15-Jährige in künstlerischen Bereichen, dürfen sie mit Erlaubnis des Jugendamtes auch bis 22 Uhr arbeiten. An Wochenenden und Feiertagen gilt, von ganz wenigen Ausnahmen abgesehen, ein Arbeitsverbot für alle Jugendliche.

Unabhängig vom Alter, spielt vor allem die Art der Beschäftigung beim Ferienjob eine wichtige Rolle.
Hier gibt es grundsätzlich zwei Möglichkeiten, den sogenannten Minijob und die kurzfristige Beschäftigung. Beim Minijob verdient man inzwischen immerhin 520 Euro. Von diesem Verdienst muss man weder Sozialversicherungsabgaben noch Steuern abführen. Beides übernimmt der Arbeitgeber. Der Minijobber hat also keine Abgaben.

Das zweite Beschäftigungsmodell für den Ferienjob ist die kurzfristige Beschäftigung.
Sie ist ebenfalls versicherungsfrei. Allerdings nur insoweit, als dass im Jahr nicht mehr als drei Monate beziehungsweise 70 Tage gearbeitet werden. Aber Vorsicht: Bei Schulab-

gängern wird die Thematik der kurzfristigen Beschäftigung sehr differenziert gesehen. So dürfen Schulabgänger zwischen Beendigung der Schule und Beginn der Berufsausbildung oder einer Beschäftigungsaufnahme generell nicht als kurzfristig Beschäftigte eingestellt werden. Gleiches gilt für Schulabgänger zwischen Beendigung der Schule und Beginn des Bundesfreiwilligendienstes bzw. Wehrdienstes. Schulabgänger, die zwischen Schulende und Beginn eines Studiums arbeiten wollen, dürfen hingegen als kurzfristig Beschäftigte aufgenommen werden.

Dem Verdienst sind bei dieser Form der Beschäftigung keine Grenzen gesetzt. Es kann sich also richtig lohnen, soweit man einen hohen Leistungs-Level nicht scheut.
Natürlich stehen arbeitende Jugendliche unter einem zusätzlichen Schutz, was vor allem im Arbeitszeitgesetz (ArbZG) geregelt ist.

So müssen ihnen bei einer täglichen Arbeitszeit von mehr als viereinhalb und bis zu sechs Stunden mindestens 30 Minuten Pause gewährt werden und 60 Minuten bei einer Arbeitszeit von mehr als sechs Stunden. Daneben erwerben diejenigen, die mehr als einen Monat vertraglich tätig sind, natürlich auch anteiligen Anspruch auf Erholungsurlaub. Dieser muss, soweit er nicht gewährt werden kann, zusätzlich zur Auszahlung kommen. Jugendliche unter 18 Jahren, die noch keine Berufsausbildung absolviert haben, gelten allerdings nach den Bestimmungen des Mindestlohngesetzes nicht als Arbeitnehmer. Der gesetzliche Mindestlohn muss erst ab dem 18. Lebensjahr bezahlt werden. Trotzdem darf die Vergütung auch bei jüngeren Schülern nicht in einem auffälligen Missverhältnis zur geleisteten Arbeit stehen. Sonst wird das ganze Vertragsverhältnis auch beim Ferienjob als sittenwidrig und nichtig deklassiert.

Soweit zu den Rahmenbedingungen beim Ferienjob. Doch ein solcher kann, neben den anfangs beschriebenen Motivationen, auch ein Praxistest für alle Beteiligten sein. Weitsichtige Arbeitgeber sind gut beraten, zukünftige Nachwuchskräfte auch über einen Ferienjob zu gewinnen. Wer hier die Rahmenbedingungen perfekt gestaltet und sich auch nach Ablauf der Zeit weiter um Kontakt bemüht, der kann echte Interessenten für eine spätere Ausbildung im Unternehmen gewinnen.

Die Ferienjobber selbst sammeln erste Erfahrungen. Insofern macht es auch hier Sinn, den Ferienjob eng an den eigenen Interessen auszurichten. Wer hier überlegt und konsequent vorgeht, der gewinnt erste Berufserfahrungen. Diese können bekanntlich ein ganzes Leben prägen und gereichen auch im Lebenslauf zu einem ersten Achtungszeichen.

Zensuren und ihr Maßstab in der Kritik

Nicht erst seit der Entscheidung des Bundesverfassungsgerichts zum Numerus-Clausus im Studienfach Medizin, schon deutlich länger macht sich Unmut breit. Nicht nur unter Studienbewerbern gelten die Zensuren und ihre Maßstäbe in den verschiedenen Bundesländern als ungerecht.
Der Hochschulverband schlägt seit langem Alarm. Von dort wurde wiederholt in sehr deutlichen Worten eine In-

flation guter Zensuren an den Hochschulen des Landes und damit praktisch deren Entwertung kritisiert. Sogar ein Großteil der Promotionen sei heute deutlich zu positiv bewertet. Das reale Bild des Leistungsstandes sei damit verwischt, denn immer öfter müssen Universitäten und Hochschulen, mangels ausreichender Voraussetzungen der Studienanfänger, erst einmal den Unterricht der Oberstufe nachholen. Das allgemeine Niveau ist nach Darstellung der Einrichtungen rapide abgesunken. Dabei schadet diese Entwicklung der gesamten Gesellschaft und das einst weltweit vorbildliche deutsche Schul- und Hochschulsystem könnte bald seine wichtige Funktion für Wissenschaft und Wirtschaft einbüßen. Eine Verkümmerung des Forscherdranges und des Wissens bricht sich immer weiter Raum.

Das Ganze ist auch und vor allem die Folge einer falschen Bildungspolitik, die bereits an den Schulen beginnt. Lehrer und Schulleiter hadern spätestens in der Gymnasialstufe damit, Schülern schlechte Zensuren zu geben. Denn, versagt heute ein Schüler in einer Prüfung, liegt der Rechtfertigungsdruck bei der Schule, immer weniger beim Schüler selbst. Lehrer haben nach derzeitigem Bildungsverständnis eine Bringschuld. Auch Eltern fordern diese oft mit Nachdruck ein. Also werden im Zweifelsfall eher die besseren als die schlechteren Zensuren bemüht. In früheren Lehrergenerationen ein undenkbarer Vorgang.

Verstärkt wird dieser Effekt noch von der demografischen Situation in Deutschland und der Konkurrenz der Abitur anbietenden Schulen. Diese wetteifern regelrecht um jeden einzelnen Jugendlichen, den sie für ihre Schule gewinnen können. Wer dann als Bildungseinrichtung auch noch die am besten bewerteten Abiturienten hervorbringt, ist und bleibt nachgefragt. Während eine hohe Durchfallquote früher mal für hohe Leistungsanforderungen stand und damit auch positiv besetzt war, gilt das heute als eher Negativmerkmal. Es ist als elitär geradezu verrufen. Abi für alle, das ist heute gewollt. Entsprechend wird das System seit Jahren angepasst. Die Bundesländer wetteifern darum, wer die höchsten Abiturientenquoten im Land generiert. Das Niveau ist lange auf der Strecke geblieben.

Aus der Misere gibt es aber einen Ausweg und der ist nicht neu. Wer sich entscheidet, nach dem regulären Schulabschluss eine Berufsausbildung zu absolvieren, benötigt kein Abitur, um später ein Studium anzuhängen. Die Hochschulen bieten Bewerbern aus der Praxis einen Teil ihrer Studienplätze an, da sie gute Erfahrungen mit dem Leistungsstand dieser Studienanfänger gemacht haben. Teilweise werden bis zu zehn Prozent eines Jahrgangs mit Berufsabsolventen besetzt. Das Rüstzeug, das diese Studienanfänger mitbringen, ist oft deutlich besser. Der vorangegangene Praxisbezug zeigt Wirkung.

Umgang mit Mobbing in Schule und Beruf

Tagtäglich werden in Deutschland rund 1,5 Millionen Menschen Opfer von Mobbing am Arbeitsplatz. Die Dunkelziffer dürfte noch erheblich größer sein, denn viele Betroffene leiden für sich, still und unerkannt. Dabei sind die gesundheitlichen Folgen oft erheblich und bedürfen in jedem Fall fachgerechter Betreuung. Die Ursachen für Mobbing sind vielschichtig. Zunehmender Leistungsdruck und mangelnde Kommunikation erhöhen die psychische Belastung, dem viele Berufstätige ausgesetzt sind. Hinzu kommt oft eine ausgeprägte Führungsschwäche leitender Mitarbeiter.

Mobbing gibt es überall. Doch nicht jede Konfliktsituation am Arbeitsplatz, mit den Kollegen oder dem Vorgesetzten, ist als Mobbing zu deklarieren. Der Begriff selbst findet sich in keinem Gesetz. Unter Mobbing versteht man im Arbeitsrecht den Prozess einer systematischen und rechtswidrigen Ausgrenzung und Erniedrigung eines Menschen, der von einzelnen oder mehreren Personen mit gewisser Regelmäßigkeit betrieben wird. Mobbing kann dabei jeden treffen, es gibt weder ein typisches Mobbingopfer, noch gibt es allgemeine Verhaltensregeln, um sich vor Mobbing und seinen möglichen Folgen zu schützen.

Aber man kann und sollte sich auf jeden Fall zur Wehr setzen. Dabei muss man systematisch und überlegt vorgehen, um die zugewiesene Opferrolle nicht noch zu verstärken. Es macht sich also erforderlich, über einen längeren Zeitraum die Fakten zu sammeln und auch Beweise zu sichern, etwa E-Mails oder Zeugen. Stammen die Schikanen aus dem Kollegenkreis, so kann der Arbeitgeber aufgefordert werden, dagegen vorzugehen und für vertragsgemäße Arbeitsbedingungen zu sorgen.

Weigert sich der Arbeitgeber oder ist er selbst der Verursacher des Mobbings, so kann im Wege der schriftlichen Abmahnung eine notfalls erforderliche Eigenkündigung vorbereitet werden. Zugleich besteht dann die Möglichkeit, Schadenersatz wegen der vom Arbeitgeber verschuldeten Vertragsbeendigung zu verlangen. Sind mit den Schikanen strafbare Handlungen verbunden, wie Beleidigung, sexuelle Nötigung oder üble Nachrede, so kann der Betroffene Strafanzeige erstatten und auf dem Zivilrechtsweg auf Unterlassung klagen. Steht das Mobbing im Zusammenhang mit einer Diskriminierung, die nach § 1 des Allgemeinen Gleichbehandlungsgesetzes (AGG) verboten ist, so eröffnen sich für die Betroffenen weitergehende Rechte. Die komplizierte Einordnung und Bewertung der Abläufe erfordert immer fachgerechte Unterstützung, die Betriebsrat und Beratungsstellen bieten.

Gleiche Rechte eröffnen sich selbstverständlich auch Schülerinnen und Schülern, die Opfer von Mobbing werden. Jede Schule ist verpflichtet, derlei schädigendes Verhalten in jedweder Form aktiv zu unterbinden. Schließlich obliegt dem Schulpersonal während des Schulbesuchs die uneingeschränkte Aufsichtspflicht, die Ihnen von den Erziehungsberechtigten anvertraut ist. Verletzungen der Aufsichtspflicht können Amtshaftungs- und Schadenersatzansprüche der Geschädigten begründen. In Betracht kann aber auch eine strafrechtliche Verantwortlichkeit kommen, soweit dem Aufsichtspflichtigen ein vorwerfbares Fehlverhalten nachgewiesen werden kann.

Folgt man den Zahlen, die eine PISA-Studie hierzu veröffentlicht hat, dann wird in Deutschland fast jeder sechste Schüler Opfer von regelmäßigem Mobbing. Dabei gilt das Thema an vielen Schule bis heute als Tabu. Ein derartiges Problem aber einfach zu ignorieren und eigene Bereiche als grundsätzlich frei von Mobbing zu bezeichnen, das offenbart in den meisten Fällen eine hochgradige Hilflosigkeit. Diese aber ist der Nährboden für die weitere Verfestigung des Problems. Denn eine solche Ignoranz indiziert vor allem, dass Mobbing für die Täter ohne Folgen bleibt.

3. Arbeit und Gesundheit

Schule, Schichtarbeit und innere Uhr

Nicht immer siegt die Vernunft über starre Dogmen. Bei der Berücksichtigung der inneren Uhr des Menschen bahnt sich allerdings ein Umdenken an. Viel zu lange schon wurde hier wissentlich gegen Erkenntnisse der Forschung gehandelt. Wer allerdings ein schnelles Vorgehen und zügige Entscheidungen erwartet hat, der wird auch hier wieder enttäuscht. Der jährliche Wechsel zwischen Winter-und Sommerzeit sollte eigentlich im Jahr 2021 sein endgültiges Ende finden. Doch bei der EU stockt die Umsetzung der Pläne schon seit einiger Zeit. Bis heute gibt es keine Beschlussvorlage im Parlament. Ebenso unsicher ist die Frage, welche Zeit denn zukünftig einheitlich beibehalten werden soll.

Aber auch an anderer Stelle sind Versuche und Pläne ins Stocken geraten, die innere Uhr des Menschen zu berücksichtigen. Der spätere Anfang des täglichen Schulunterrichts wird seit langem ernsthaft diskutiert. In Nordrhein-Westfalen gab es erste Versuche mit einem Schulbeginn, der dem Organismus aller Menschen gerecht werden kann. Niedersachsen zog nach und stellte es Schulen frei, damit zu experimentieren.

Die Schüler würde das wohl überwiegend freuen. Verspricht doch ein späterer Unterrichtsbeginn eine völlig neue Lebensqualität. Der Irrsinn mit dem Schulklingeln vor 8 Uhr ist eine Erfindung von Bürokraten. Mit Sachverstand hätte dies schon lange auf den Prüfstand gehört.

Denn seit Jahrtausenden leben die Menschen nach dem
Rhythmus, der ihnen von der Natur vorgegeben ist.
Dazu sitzt im Gehirn ein zentraler Taktgeber, der durch das
Tageslicht immer wieder neu aktiviert wird. Neben dem
Schlafrhythmus beeinflusst der Takt auch den Stoffwechsel,
den Blutdruck, die Zellteilung und letztlich auch Leistungs-
fähigkeit und Stimmung.

Diese innere Uhr ist angeboren. Bei allen gleich hingegen
funktioniert sie nicht. Da gibt es die geborenen Lerchen, die
Frühaufsteher sind und es gibt die Eulen, die erst später in
die Gänge kommen. Äußere Einflüsse bestimmen im Laufe
des Lebens diese innere Uhr permanent. Dennoch pegelt
sich der ursprüngliche Takt auch immer wieder ein. Vor allem in den Ferien ist das gut zu beobachten. Leben diese
verschiedenen Typen nun aber durch starre Schulzeiten
oder Schichtpläne ständig entgegen ihrem individuell vor-
gegebenem Rhythmus, so sind gesundheitliche Probleme
auf Dauer vorprogrammiert.

Die Chronobiologie erforscht dieses Phänomen und, wie
Biorhythmus, Lebensweise und Umwelt im Wechselspiel
die Gesundheit beeinflussen. Je mehr Erkenntnisse hier
gewonnen werden, desto deutlicher kristallisiert sich ein
Grundproblem unserer Zeit heraus: Der Alltagsrhythmus
in Schulen, im Berufsleben und in der Freizeit folgt immer
mehr den vorgegebenen Zeiten. Die individuellen Lebens-
rhythmen werden ständig angepasst, auch kurzfristig.
Vorübergehend kann ein gesunder Organismus diese Missachtung der eigenen Natur kompensieren.

Die innere Uhr passt sich den Gegebenheiten an. Auf Dauer
führt diese Ignoranz des individuellen Taktgebers aber

durchaus zu körperlichen und seelischen Störungen. Die Folge sind häufig massive Schlafstörungen, hohe Fehlerquoten, Leistungseinbrüche und auch Depressionen. Das Risiko für körperliche Erkrankungen steigt überproportional an.

Nun können Arbeitswelt und Schule nicht jedem einzelnen Typ vollauf gerecht werden. Es ist aber durchaus möglich, Zeiten gleichen Taktes zu lokalisieren und auch die Abweichungen. Mit Hilfe der Forschung lässt sich daraus ein probates System entwickeln, wie die innere Uhr des Einzelnen bestmöglich Berücksichtigung findet. Einige Schichtbetriebe haben dies schon aufgegriffen und beziehen Mitarbeiterwünsche zu den Arbeitszeiten ernsthaft in die Planung ein. Das Gleitzeitmodell in Büros kommt diesem Erfordernis auch entgegen. Das neu entdeckte Homeoffice bietet hierzu auch völlig neue Möglichkeiten.

Bleiben die Schulen: Nach wissenschaftlichen Erkenntnissen sind Zeiten des Unterrichtsbeginns ab 9 Uhr ideal für junge Menschen. Ihre Leistungskurve steigt ab diesem Zeitpunkt überproportional an. In den EU-Ländern Frankreich, Italien oder Spanien ist es durchaus üblich, den Unterricht erst um 9:00 Uhr beginnen zu lassen. Zeiten davor sind für die meisten Schülerinnen und Schüler eher kontraproduktiv und in erster Linie der Abarbeitung eines starren Schulprogramms geschuldet.

Fastenzeit und die Pflichten im Job

Jährlich wiederholt sich die Fastenzeit. Auch wenn viele unserer Mitmenschen keiner Religion angehören, so wollen sich doch immer mehr der 40-tägigen Prozedur einer mehr oder minder strengen Enthaltsamkeit nach christlicher Tradition unterwerfen. Auch Fasten gilt seit einiger Zeit als Trend.

Von Aschermittwoch an zählt bekanntlich die Fastenzeit, die traditionell bis Ostern fortdauert. Die Sonntage werden dabei nicht mitgezählt. Überliefert ist diese Tradition aus der Bibel, wo die Fastenzeit mit einer besonderen Bewährungsprobe gegen die Verlockungen des Lebens verknüpft wurde. Seitdem wird in dieser Zeit vor dem christlichen Hochfest vor allem Enthaltsamkeit geübt.

Dabei gibt es derlei Fastenzeiten auch in anderen Religionen, allerdings zu anderen Zeiten und auch mit deutlich strengeren Riten.

Wovon jeder Einzelne bis Ostern weitgehend abstinent leben will, das überlässt sogar die sonst so strenge katholische Kirche jedem „Schäfchen" inzwischen selbst. Ursprünglich ging es während des Fastens nicht um das Erbringen eines Opfers, der Verzicht auf umfängliche Mahlzeiten stand im Mittelpunkt. Die sogenannte Fastenordnung nach neuester katholischer Lehre schreibt nur noch zwei Abstinenztage in der Fastenzeit vor: Aschermittwoch und Gründonnerstag. Dort soll Fleischverzicht geübt werden und eine Mahlzeit für den ganzen Tag genügen.

An den übrigen 38 Tagen kommt es demnach gar nicht so streng auf die Enthaltsamkeit oder den Verzicht an. Viel wichtiger scheint heute, das Bewusstsein für die Bedeutung der damit ursprünglich verbundenen „Buße" wieder zu erwecken. Gemeint ist wohl der bewusstere Umgang mit dem eigenen Leben. Das kann durchaus auch damit erreicht werden, dass lieb gewordene Gewohnheiten durch einfache Dinge ersetzt werden. Der eigene Wille, auch mal etwas am täglichen Takt zu ändern, die bewusste Überwindung des „inneren Schweinehundes", das soll nach heutigem Verständnis das Wesentliche an der Fastenzeit sein. Ein guter Vorsatz auf Zeit also.

Auch in früheren Jahrhunderten war es natürlich mit der Willensstärke nicht viel besser bestellt als heute. Galten doch zu allen Zeiten solche Sprüche wie: „Flüssiges bricht das Fasten nicht" und „Schokolade ist Fastenspeise". Nicht zuletzt wurden der Überlieferung nach die Maultaschen extra für die Fastenzeit erfunden, wo bekanntlich Fleisch in Teigtaschen versteckt wird. Sie werden noch heute liebevoll „Herrgottsbecheißerle" genannt.

Bevor man also kreativ werden muss, um eigene Vorgaben zu umgehen, sollten die Ziele so angepasst werden, dass sie auch erreichbar erscheinen. Das muss auch nicht zwingend etwas mit Essen und Trinken zu tun haben. Die Möglichkeiten, Verzicht zu üben, sind heute um ein Vielfaches größer geworden. Sollten die eigenen Einschränkungen zur Fastenzeit die Leistungsfähigkeit einschränken, so bedarf es bereits im Vorfeld klarer Absprachen mit dem Chef. Zwar hat dieser die freie Religionsausübung zu akzeptieren, doch negative Auswirkungen auf seinen Betrieb muss er nicht dulden.

Nun werden die Untersagungen in der Fastenzeit nicht mehr ganz so streng gelebt wie beispielsweise im Ramadan. Doch es gibt natürlich auch Christen, die eine Zeit der Enthaltsamkeit sehr ernst nehmen und sich dabei selbst viel abverlangen. Insoweit bleibt das Ganze vergleichbar.

Das Bundesarbeitsgerichts (BAG) hat sich in einer wegweisenden Entscheidung (2 AZR 636/09) dieses Problems angenommen und arbeitsrechtliche Vorgaben zur Konfliktbeilegung erarbeitet. Danach ist der Arbeitgeber vorrangig verpflichtet, Rücksicht auf den jeweiligen Beschäftigten zu nehmen und ihn an einem entsprechenden Ausweicharbeitsplatz einzusetzen. Mit leichterer Arbeit sinkt die Gefahr von Unfällen und körperliche Anstrengungen werden minimiert. Geht das nicht oder lehnt der betroffene Beschäftigte das Angebot unter Berufung auf einen entgegenstehenden, ernsthaften inneren Glaubenskonflikt ab, wäre diese Arbeitsverweigerung sanktionslos. Mit Recht könnte sich der Arbeitnehmer auf die Religionsfreiheit berufen. Weder eine Abmahnung noch eine Kündigung wären dann wegen des Verhaltens der Verweigerung möglich, da das Leistungshindernis nur zeitbegrenzt während der Fastenzeit gegeben ist.

Auf der anderen Seite entfällt nach Ansicht des höchsten deutschen Arbeitsgerichts die Entgeltpflicht seitens des Arbeitgebers für diese Zeit. Das führt zu einem gerechten Ausgleich der Lasten und Pflichten. Der Arbeitgeber kann die Leistung nicht abverlangen und wird dafür auf der Kostenseite entlastet.

Wann ist die Pause eine Pause

Die Pause im Job ist ein häufiger Streitpunkt zwischen Arbeitgeber und Arbeitnehmer. Gerade in hochfrequentierten Dienstleistungsbetrieben werden Pausenzeiten vielfach sehr salopp übersprungen. Auch die beliebte Gleitzeit hat die Konturen etwas verschwimmen lassen. Dabei ist die Rechtslage eindeutig: Ruhepausen sind im Arbeitszeitgesetz (§ 4 ArbZG) zwingend vorgeschrieben und mit Mindeststandards definiert. Grundsätzlich hat jeder Mitarbeiter nach maximal 6 Stunden Arbeitszeit einen Anspruch auf eine 30 Minuten dauernde Auszeit. Nach 9 Stunden Arbeitszeit erhöht sich deren vorgeschriebene Dauer auf 45 Minuten. Diese Pausenzeit kann aufgeteilt werden, hierbei sollen aber 15 Minuten nicht unterschritten werden. Mehr als 6 Stunden ohne angemessene Unterbrechung darf ein Mitarbeiter nicht beschäftigt werden.

Nach ständiger Rechtsprechung des Bundesarbeitsgerichts sind Pausen im Sinne des Arbeitszeitgesetzes Unterbrechungen der Arbeitszeit von bestimmter Dauer, die der Erholung des Arbeitnehmers dienen. Im arbeitszeitrechtlichen Sinne liegt eine Pause also dann vor, wenn der Arbeitnehmer vollständig von allen Arbeitspflichten freigestellt ist und auch keine Arbeitsbereitschaft vorliegt.

Dies bedeutet, dass der Arbeitnehmer während dieser Phase nicht dem Weisungsrecht des Arbeitgebers unterliegt. Vorschriften und Anordnungen, wo und wie diese Zeit zu verbringen ist, sind damit nicht möglich. Nur dann ist das Erholungskriterium einer Pause erfüllt. So steht es auch jedem Beschäftigten frei, in dieser Zeit das Betriebsgelände zu verlassen, Einkäufe zu tätigen, private Termine wahrzunehmen oder im Fitnesscenter zu schwitzen.

Unterliegt diese Autonomie des Arbeitnehmers dagegen Einschränkungen, um ihn im Bedarfsfall einsetzen zu können, liegt keine Pause im Sinne des § 4 ArbZG vor. Die Kehrseite der unterbrochenen Arbeitspflicht ist, dass Pausen im Regelfall unbezahlt bleiben.

Nicht als Pausen und daher als zu bezahlende Arbeitszeiten gelten demnach Arbeitsunterbrechungen, die weniger als 15 Minuten dauern oder die aus betrieblichen Gründen erfolgen. Die Pausenzeiten müssen generell im Voraus feststehen und für den Einzelnen planbar sein. Eine Arbeitsunterbrechung, die diese Voraussetzungen nicht erfüllt, ist keine Erholungszeit und somit als Arbeitszeit zu vergüten. Nicht erforderlich ist hingegen, dass eine exakte Zeit bestimmt ist, zu welcher der Arbeitnehmer die Pause zu nehmen hat. Die Vorgabe eines bestimmten zeitlichen Rahmens genügt.

Wer also laut Arbeitsvertrag eine tägliche Arbeitszeit von acht Stunden zu absolvieren hat, muss die gesetzlich vorgeschriebenen Pausenzeiten noch hinzurechnen. Manche Arbeitgeber gewähren auch längere Unterbrechungen, umso länger ist dann auch der Arbeitstag. Da die Pausenzeiten nicht nur verpflichtend eingehalten werden müssen, sondern der Arbeitgeber auch über das Anordnungsrecht verfügt, kommt ein eigenmächtiger Verzicht der Beschäftigten nicht in Betracht. Das gilt auch für verlängerte Pausenzeiten.

Arbeitnehmer müssen ihre Pause nehmen, ob sie wollen oder nicht. Vorgesetzte müssen die Einhaltung überwachen und notfalls auch Zwangspausen anordnen. Bei einem Verstoß gegen die zwingenden Pausenregelungen des Arbeitszeitgesetzes droht dem Arbeitgeber sonst ein empfindliches Bußgeld.

Damit gehört die Pause zu den kontrovers diskutierten Problemkreisen im Zusammenhang mit der Arbeit im Homeoffice. Wenn man allerdings die Sache etwas unaufgeregter betrachtet, dann kommt auch hier die gern an anderer Stelle bemühte Eigenverantwortung ins Spiel. Auch bei Präsenzarbeit steht der Arbeitgeber nicht hinter jedem Einzelnen und ordnet die Pause an. Diese ist vielmehr eingeübte Praxis und das kann sie natürlich auch im Homeoffice sein oder werden. Im Übrigen lassen sich Pflichten vertraglich definieren.

Manic Monday – Der Montag ist nicht beliebt

Der Montag gilt nicht gerade als Lieblingstag, nicht unter Berufstätigen, aber auch nicht unter Schülern. Sogar wissenschaftlich erforscht ist dieses Phänomen, das als sogenannter Montags-Blues oder auch als Manic Monday bezeichnet wird. Danach hat jeder dritte Deutsche mit dem Wochenstart ein ernsthaftes Problem. Vor allem die ersten Stunden des Tages laufen oft unstrukturiert, ohne inneren Antrieb ab und werden von starken Stimmungsschwankungen begleitet. Der Effekt ist auch wirtschaftlich messbar. So gibt es Studien, die an Montagen eine stark abgeflachte Leistungskurve in Bezug auf die nachfolgenden Arbeitstage sehen. Nach Erhebungen der Berufsgenossenschaften, ereignen sich Montags die meisten Arbeitsunfälle und die Gesundheitsstatistik belegt, dass die Gefahr eines Herzinfarkts Montags am größten ist.

Hinsichtlich der Gründe gibt es verschiedene Erklärungsversuche. Ein nachvollziehbarer Ansatz ist wohl die Vermutung, dass ein schlafbedingter Jetlag unser Montagsproblem ist. In der Woche wird regelmäßig ein Schlafdefizit aufgebaut, was sich aufgrund erhöhter Hormonkonzentrationen im Blutkreislauf nicht bemerkbar macht. Pünktlich zum Beginn des Wochenendes geben viele dem erhöhten Schlafverlangen nach und bringen damit den Rhythmus des Körpers komplett durcheinander. Dem kann man eigentlich nur begegnen, wenn das Schlafverhalten keinen größeren Veränderungen unterzogen wird. Diejenigen, die aber der gefestigten Meinung sind, dass ihr Leben nur am Wochenende stattfindet, werden derlei Regeln natürlich nicht beherzigen. Allerdings ist deren Montags-Blues auch am stärksten ausgeprägt.

Wenn man das Ganze schon für sich nicht verhindern kann und auch nicht will, so empfiehlt sich ein gewisses Maß an Vorbeugung. Damit kann man zumindest versuchen, die Auswirkungen montäglicher Unpässlichkeit gering zu halten. Dazu bietet sich an, am Freitag, rechtzeitig vor dem Feierabend, schon den Montag mit vorzubereiten. Je mehr anfängliche Struktur vorhanden ist, desto flüssiger erfolgt der Einstieg mit Beginn der neuen Woche. Ganz clevere Arbeitnehmer gehen das Thema der reduzierten Arbeitszeit damit an, indem sie den Montag für sich komplett aussparen. Das funktioniert allerdings nicht bei allen Beschäftigten, insofern können das nur individuelle und exakt abgestimmte Erwägungen sein. In den USA hat man das Phänomen des Montags-Blues aber in vielen Unternehmen genau auf diese Weise gelöst.

Ohnehin sind moderne Arbeitszeitmodelle gut geeignet, die individuellen Leistungskurven optimaler zu nutzen. Auch die Nutzung von Homeoffice könnte so manchen vor dem Montags-Blues retten, soweit das im jeweiligen Unternehmen möglich ist.

Schmerzende Füße am Abend

Nach einem langen Arbeitstag spüren viele Menschen ihre Füße. Sie sind geschwollen, schmerzen und kribbeln. Steigende Temperaturen verstärken das Ganze noch, so dass jede Entlastung zum Feierabend willkommen ist. Es gibt einige probate Empfehlungen, um schmerzenden Füßen etwas Gutes zu tun.

Hier ein paar Tipps:
Es klingt ungewöhnlich, ist es aber ganz und gar nicht. Regelmäßige Bewegung tut den Füßen sehr gut. Langes Sitzen oder dauerhaftes Stehen führen zum Stau des Blutes in den unteren Gliedmaßen. Um das zu vermeiden, sind auch während der Arbeit kleine Übungen hilfreich. Heben Sie sich dazu abwechselnd auf die Zehenspitzen, halten diese Position einen Moment und setzen die Füße dann wieder ab. Mehrfache Wiederholungen, auch über den Tag verteilt, fördern die Durchblutung merklich. Zusätzlich sind tägliche Laufstrecken von mindestens 10.000 Schritten von Experten empfohlen, um das gesamte Herz-Kreislauf-System

in Schwung zu halten. Eine anspruchsvolle Zahl, aber mit gutem Willen durchaus machbar. Eine große Rolle für die Belastbarkeit spielt immer die Muskulatur der Füße selbst und die der Waden. Diese wird aber nur durch regelmäßige Bewegung gestärkt und erhalten.

In einer Studie der Deutschen Sporthochschule Köln wurde nachgewiesen, dass die tägliche Gehstrecke von 10.000 Schritten auch wirksam einer Erkrankung mit dem Diabetes-Typ 2 entgegenwirkt bzw. einen bestehenden "Altersdiabetes" deutlich abmildert. Gleichzeitig wird dadurch den typischen Folgeerscheinungen dieser Erkrankung, wie hoher Blutdruck, Fettstoffwechselstörung und Arteriosklerose vorgebeugt. Grund hierfür ist ein simpler Effekt, den nur permanent aktivierte Muskeln auslösen können. Diese benötigen Energie und die bekommen sie in Form von Glucose geliefert. Damit Glucose aber in die Muskelzellen gelangt, ist unter anderem Insulin notwendig. Die Insulin-Konzentration wird wesentlich durch die Konzentration von Glucose beeinflusst. Je größer die Aufnahme von Zucker ist, desto umfangreicher folgt die Freisetzung von Insulin im Körper. Bewegen wir uns nun nicht entsprechend der angebotenen Energielieferung, so stellen die Muskelzellen verhältnismäßig wenig Eintrittsmöglichkeiten für Insulin und Glucose zur Verfügung. Besteht dieser Zustand über eine längere Zeit, existiert zu viel Insulin im Blut. Das wiederum hat in zu hoher Konzentration unerwünschte Wirkungen.

Bei mehrmaligem Sport pro Woche wird zwar auch Insulin verbraucht, doch nicht immer in ausreichenden Mengen. Geht man jeden Tag aber 10.000 Schritte, bleibt die Aufnahmemöglichkeit der Muskeln konstant. Damit wird das freigesetzte Insulin verbraucht und die negativen Folgen vermieden. Gleichzeitig wird permanent der Kreislauf in Schwung gehalten.

Gegen diese simple Methode, seinen Körper in Schwung zu halten, ist inzwischen argumentativ viel Unsinn ins Feld geführt worden. Dabei ist der Mensch von Natur aus auf Bewegung angelegt. Diese mittels seiner Füße zu vollziehen, ist dabei der einfachste Weg. Dass es die einzige Möglichkeit nachhaltiger Bewegung sein muss, wurde damit nicht behauptet.

Damit die Fußmuskulatur gezielt trainiert werden kann, sind Bewegungsübungen des Fußes eine hilfreiche Unterstützung. Dazu setzt man sich auf den Boden, die Füße bleiben unbekleidet. Abwechselnd wird mit den Zehen jeden Fußes versucht, ein Tuch zu greifen und anzuheben. Mit wachsender Übung können die Gegenstände auch anspruchsvoller werden. So eignen sich kleine Bälle oder ähnliches hervorragend dafür. Die Füße kräftigen sich merklich und auch ihre Durchblutung wird erheblich verbessert.

Für eine möglichst lang anhaltende Stabilität der Füße und damit des täglichen Gangs auf ihnen, ist der Erhalt der Wölbung an der Sohle wichtig. Das lässt sich natürlich mit speziell geformten Einlagen erreichen oder aber mit speziellen Übungen. Dazu setzt man sich entweder auf den Boden oder auf einen Stuhl und schlägt den unbekleideten Fuß der einen Seite über das angewinkelte Knie der anderen Seite. Nun werden die Zehen des Fußes mit der flachen Hand in Richtung Fußsohle gedrückt und etwa 2 Minuten gehalten. Anschließend drückt man die Zehen in etwa gleicher Dauer in die entgegengesetzte Richtung. Danach steht der andere Fuß an. Wichtig dabei ist, nicht über die Schmerzgrenze zu gehen. Mit zunehmender Routine tritt ein gewisses Maß an Gewöhnung ein.

Es ist eine Wohltat für die belasteten Füße: Diese werden abwechselnd in kaltes und in warmes Wasser getaucht. Dadurch weiten sich die Blutgefäße, um anschließend wieder zu verengen. Die Entlastung, durch angeregte Durchblutung, ist sofort und merklich spürbar.

Der Effekt lässt sich natürlich auch unter der Dusche erreichen. Mit einem nicht zu warmen Wasserstrahl werden die Beine, wechselseitig von unten nach oben an der Außenseite und von oben nach unten an der Innenseite abgeduscht. Die Wechseldusche endet hiernach kalt und in gleicher Reihenfolge. Danach fühlt man sich deutlich entspannt, erfrischt und auch beruhigt. Wer es anatomisch komplett richtig machen will, der wandert bei der Abkühlung immer von der rechten zur linken Seite des Körpers.

Aber auch ein längeres Fußbad mit ätherischem Öl als Zusatz, bietet einen solchen Effekt. Zusätzlich wirkt die Massage der Fußsohlen belebend auf die Füße. Sogenannte Massage-Roller oder auch spezielle Latschen mit Noppen leisten hierbei wirksame Dienste.

Gut passendes Schuhwerk ist ein wesentliches Kriterium für die Gesundheit jeden Fußes. Dabei sollen vor allem die Zehen genügend Bewegungsraum haben und die Sohle den Fuß gut stützen. Der Idealfall für die Füße ist natürlich das Barfuß laufen. Gerade im nahenden Sommer bietet es sich an, über Sand und grüne Wiesen ganz ohne Schuhwerk zu laufen. Die Füße werden es danken, ohne Schmerzen und mit Stabilität für lange Arbeitstage.

Nackenschmerzen sind eine lästige Angelegenheit

Nackenschmerzen dürften bekannt sein. Statistisch betrachtet folgen Probleme im Nacken unmittelbar den Rückenschmerzen als zweithäufigste Schmerzerkrankung in Deutschland. Bei jedem Zehnten mit wiederkehrenden Nackenschmerzen werden sie sogar chronisch. Mit dem Alter wächst das Risiko, dass die Schmerzen im Nacken zu einem langfristigen Problem werden.

Als häufige Ursachen der Pein gelten in der Regel das ständiges Arbeiten am Computer, lange Fahrten am Steuer eines Autos, schwere körperliche Belastungen und auch Dauerstress ohne entlastende Pausen. Derlei Beanspruchung der Halswirbelsäule fordert über kurz oder lang seinen Tribut. Dann braucht es nur noch die Zugluft oder eine abrupte Bewegung und plötzlich ist der Schmerz da. Stechend und höchst unangenehm wird der Nacken blockiert, jede Regung wird zur Tortur. Doch, entgegen dem herkömmlichen Sprachgebrauch, ist nicht das offene Fenster in der Nacht ursächlich für die unangenehme Blockade, sondern es hatte sich dann seit geraumer Zeit schon einiges an ursächlicher Verspannung angestaut.

Es kommt durch bewegungsarme Fehlstellungen der Halswirbelsäule zu Verkürzungen und Versteifungen in der Muskulatur. Irgendwann hält der Körper die Balance nicht mehr und ein kleiner Auslöser fördert die Probleme zu

Tage. Manchmal bleiben die Schmerzen nicht auf den Nacken beschränkt, sondern reichen bis in die Schultern, die Arme oder bis in den Kopf.

Fast die Hälfte aller Erwachsenen weltweit hat es mindestens einmal im Jahr mit solch akuten Nackenschmerzen zu tun. Doch bei den meisten Betroffenen ist der sogenannte steife Nacken schon nach wenigen Tagen oder Wochen wieder verschwunden. Länger anhaltende oder ständig wiederkehrende Schmerzen, die womöglich auch noch ein Taubheitsgefühl in den Armen mit sich bringen, haben ernstere Ursachen. Diese sollten unbedingt ärztlich abgeklärt werden.

Die akute Verspannung dagegen lässt sich selbst relativ gut in den Griff bekommen. Wärme und leichte Bewegung sind dabei probate Heilsbringer. Unterstützt von einer wärmenden Salbe und einem Schal, sind Dehnungsübungen für den Kopf-Hals-Bereich am wirksamsten. Das funktioniert sogar am Schreibtisch, so dass es den Krankenschein beim steifen Nacken nicht zwingend braucht.

Hierzu muss man einfach in regelmäßigen Abständen die Arbeit unterbrechen, die Schultern heben, senken und kreisen. Anschließend den Kopf in verschiedene Richtungen neigen und in dieser Haltung kurz verweilen. Wer dabei den jeweils entgegengesetzt liegenden Arm über den Kopf hebt und mit der Hand eine leichten Gegendruck von unten auf den Kopf ausübt, der dürfte die Verspannung sehr zügig wieder lösen. Um der lästigen Schmerzerfahrung in Zukunft aus dem Wege zu gehen, sollten regelmäßige Bewegungsintervalle immer einen Ausgleich zur monotonen Haltung bieten.

In diesem Zusammenhang sind aber auch Nackenschmerzen und Nackensteifheit von Bedeutung, die ihre Ursache eben nicht in einer Fehlhaltung des Körpers haben. Gerade in den letzten Jahren häufen sich in den Praxen die Fälle, bei denen psychosomatische Ursachen für die Pein verantwortlich sind. Unter Medizinern sind diese Auslöser des körperlichen Schmerzes als somatisierte Depression oder als somatoforme Störung bekannt. Hier genügen natürlich nicht einfache Bewegungen zur Entlastung. Es bedarf vielmehr der Abklärung und Behandlung durch Spezialisten.

Im Ergebnis aller Aktivitäten zur Behebung der Nackenschmerzen steht immer ein deutliches Mehr an Lebensqualität. Insofern lohnt sich die Analyse der Ursachen allemal.

Rückenschmerzen werden zum Problem

Inzwischen zählen sie zu den Volkskrankheiten, genau wie Migräne oder Herzerkrankungen: Die Rede ist von Rückenschmerzen. Rund 60 Prozent aller Beschäftigten haben ein dauerhaftes oder dauernd wiederkehrendes Problem mit ihrem Rücken. An jedem Arbeitstag im Jahr fehlen durchschnittlich 70.000 Beschäftigte in den Unternehmen, weil sie Rückenschmerzen haben. Damit zählt diese Diagnose bereits mit zu den häufigsten Gründen für Erwerbsunfähigkeit und Frühverrentung. Vermehrt sind auch bereits junge Menschen betroffen.

Dabei werden sich viele Menschen ihrer Wirbelsäule als Zentrum aller Bewegungen erst dann bewusst, wenn sie schmerzt. Als Säule des Bewegungsapparates integriert die

Wirbelsäule alle Bewegungsvorgänge des menschlichen Körpers. Das Rückenmark beinhaltet als Teil des zentralen Nervensystems alle Nervenbahnen, die vom Gehirn in den Körper verlaufen. Die Anfälligkeit für Rückenschmerzen ist bis heute evolutionsbiologisch bedingt. Der aufrechte Gang auf zwei Beinen entwickelt sich nun zwar schon seit Jahrmillionen, komplett biologisch angepasst ist der menschliche Bewegungsapparat aber immer noch nicht. In diesen Anpassungsprozess waren und sind natürlich auch Muskeln, Bänder, Bandscheiben, Wirbelgelenke und Nerven einbezogen. Das bedingt die Komplexität so mancher Probleme. Die weichen Bandscheiben beispielsweise, die Knorpel zwischen den Wirbelknochen, sind bei Vierbeinern lediglich für Beweglichkeit der Wirbelkörper untereinander verantwortlich. Beim Menschen müssen sie nunmehr das gesamte Gewicht des Rumpfes tragen und trotzdem Beweglichkeit garantieren. Das birgt Gefahren.

Mehr als 80 Prozent aller Rückenschmerzen werden durch die dort angeordneten Muskeln, Sehnen und Bänder verursacht.

So entstehen Schmerzen häufig durch Überbelastung bei schwerer körperlicher Arbeit, als Folge einseitiger Bewegungsabläufe oder durch Bewegungsmangel. Es werden immer wieder bestimmte Muskelgruppen unterfordert, so dass es zu Ungleichgewichten am Rücken kommt.

Die Schmerzen sind dann in vielen Fällen ein Symptom, das durch Bewegungsmangel und sitzende Lebensweise auch noch begünstigt wird. Doch auch sportlich aktive und bewegliche Menschen sind nicht vor diesen Problemen gefeit. So kann ein plötzlicher Bandscheibenvorfall äußerst unangenehme, stechende oder lähmende Rückenschmerzen verursachen.

In den Rücken können aber auch Schmerzen ausstrahlen, die an ganz anderer Stelle im Körper entstanden sind. So gibt es durchaus enge Beziehungen zwischen Beschwerden der Nieren, der Gallenblase, des Herzens oder auch der Eierstöcke und akuten Rückenschmerzen. Seelische Probleme, Dauerstress und vor allem Depressionen können diese Pein begünstigen oder verstärken. Derlei Symptome gehören ohne Zweifel in die Behandlung ärztlichen Fachpersonals.

Doch die menschliche Wirbelsäule besitzt glücklicherweise ein hohes Maß an Selbstheilungskraft.
Oft verschwinden die Beschwerden schon nach wenigen Tagen, soweit man ein Mindestmaß an täglicher Bewegung einsetzt. Denn, mit zunehmendem Alter nimmt der natürliche Drang zur Bewegung immer mehr ab, was oft mit beruflichen Zwängen, aber auch viel mit zunehmender Bequemlichkeit zu tun hat. Dabei ist seit langem bewiesen, dass uns Bewegung immer hilft, egal in welchem Alter wir uns befinden. Ohne eine solche gerät die körperliche Stabilität gefährlich ins Wanken, da die Muskulatur keine Stärkung mehr erfährt.

Natürlich gibt es auch Hemmnisse, die sich nicht mehr so einfach beheben lassen. Fehlstellungen, einseitige Belastungen oder auch altersbedingter Verschleiß verursachen mit der Zeit dauerhafte Beschwerden, die dann ärztlich betreut werden müssen.

Soweit wir dem Rücken und seiner Bedeutung für unser Wohlbefinden etwas mehr Aufmerksamkeit schenken, lassen sich auch die Ausfallzahlen im Job und die Frühverrentungen deutlich senken. Selbstverständlich spielt der innere Schweinehund dabei eine entscheidende Rolle.

Tägliche Bewegung kompensiert langes Sitzen

Es ist unbestritten, dass vor allem die mangelnde Bewegung in vielen Jobs die Entstehung klassischer Zivilisationskrankheiten fördert. Rückenprobleme, Diabetes und Kreislauferkrankungen sind das Resultat wachsender Trägheit. Dabei können ein paar Minuten Bewegung am Tag die Risikofaktoren minimieren. Was so einfach klingt, das scheitert oft an der nötigen Überwindung. Manchmal aber auch an den martialisch anmutenden Übungen einiger Workout-Enthusiasten.

Es kommt immer auf die Dosis an. Wir kennen dieses Phänomen von der Wirkung verschiedener Medikamente. Übersteigt die verabreichte Menge das Maß der Verträglichkeit, nimmt der Körper Schaden. So ist es auch mit der Bewegung, die seit langem als Heilsbringer für unser Wohlbefinden und für unsere gesundheitliche Stabilität angepriesen wird. Viel hilft auch hier nicht viel.

Das ist aber kein Grund, sich nun gar nicht zu bewegen. Denn für die Bewegung sind wir ursprünglich körperlich ausgestattet worden. Jeder erfreut sich an den ersten Bewegungen eines Neugeborenen und die ersten freien Schritte werden oft für die Ewigkeit archiviert. Im Kindesalter ist Bewegung ein probates Mittel, um ein Energiegleichgewicht herzustellen. Viele Ernährungssünden machen leider schon Kindern zu schaffen und ihr Drang, dies durch Bewegung zu kompensieren, wird immer noch allzu oft als Krankheit klassifiziert.

Doch nützt uns der kindliche Drang zur Bewegung enorm. Er schafft gute Voraussetzungen für die späteren Lebensjahre. Das Skelett und die Muskeln werden gestärkt, der Kreislauf an unterschiedliche Belastungszustände gewöhnt und das Gehirn mit reichlich Sauerstoff versorgt. Mit zunehmendem Alter nimmt der natürliche Drang zur Bewegung immer mehr ab, was oft mit beruflichen Zwängen, aber auch viel mit zunehmender Bequemlichkeit zu tun hat. Dabei ist seit langem bewiesen, dass uns Bewegung immer hilft, egal in welchem Alter wir uns befinden. Mussten früher Menschen hart körperlich arbeiten, dann hatten sie schon reichlich Energie verbraucht. Heute ist der körperliche Aufwand oft weit geringer, sitzende Tätigkeiten nehmen rapide zu. Der Energieverbrauch sinkt rapide. Körperliche Fehlhaltungen kommen zum Bewegungsmangel hinzu und machen, zusammen mit energiereicher Nahrung, das Ganze richtig ungesund. Die Gewichtszunahme erfolgt unkontrolliert, Herz-Kreislauferkrankungen gewinnen schon in mittleren Lebensjahren die Überhand. Aber auch die körperliche Stabilität gerät gefährlich ins Wanken, da die Muskulatur keine Stärkung mehr erfährt.

Dem ist so leicht abzuhelfen. Allein der innere Schweinehund verhilft uns oft zu inneren Ausreden. Verdeutlich man sich aber den Effekt von Bewegung, dann lohnt sich auch die Selbstüberwindung.

Das Journal of the American College of Cardiology hat passend dazu die Ergebnisse einer Studie veröffentlicht, die das Maß an Bewegung aufzeigt, um beispielsweise langes

Sitzen am Arbeitsplatz auszugleichen. Hiernach sind 5 Stunden körperliche Bewegung pro Woche erforderlich, um das tägliche Sitzen von 8 und mehr Stunden zu kompensieren. Stehen bei der Arbeit hingegen minimiert das Risiko von Herz-Kreislauf-Erkrankungen nicht. Auf der anderen Seite erhöht sich dieses Risiko um rund 80 Prozent, wenn man auf die empfohlene Bewegung verzichtet.

Wie und wo man sich bewegt, das ist erst einmal dem eigenen Belieben überlassen. Sollte man Wert auf Tipps, Tricks und professionelle Unterstützung legen, dann sind Fitnesscenter heute die idealen Orte dafür. Es ist falsch, diese nur den Jungen und Durchtrainierten zu überlassen. Auch diese Klientel ereilt über kurz oder lang das Alter, sie bereiten sich lediglich vorzüglich darauf vor.

Für den Beginn ist es nie zu spät, der erste Schritt ist wichtig, wie so oft. Der Körper wird es dankend annehmen. Muskeln straffen sich wieder und stützen den Körper zunehmend. Herz- und Kreislauf werden gestärkt und moderne Volkskrankheiten, wie Diabetes, Krebs, Arthrose und sogar Alzheimer werden in ihrer Entstehung gehemmt.

Wenn der Schlaf zum Problem wird

Immer noch passieren fast 1 Mio. Arbeitsunfälle pro Jahr in Deutschland. Dabei ist das nur die offizielle Statistik der gemeldeten Ereignisse. Da die Berufsgenossenschaften bekanntlich sehr rigide bei der Einstufung eines Arbeitsunfalls als solchen vorgehen, dürfte die Dunkelziffer weit größer sein. Unbestritten sind deshalb Arbeitsschutzmaßnahmen und deren Einhaltung wichtigste Voraussetzungen, um Arbeitsunfälle zu vermeiden. Doch nützen derlei Maßnahmen wenig, wenn sie keine Beachtung finden. Beachtung erfordert Aufmerksamkeit. Diese wiederum ist auch und vor allem an ausreichenden Schlaf des Einzelnen gebunden.

Der wirtschaftliche Schaden ist enorm, wenn nicht ausreichender Schlaf zur Ursache für Fehler und Ausfälle im Job wird. Jährlich rund 80 Milliarden Euro kostet das Problem. Dabei sind Ursache und Wirkung allseits bekannt. Doch Selbstüberschätzung und Nachlässigkeit gegenüber der eigenen Gesundheit drängen immer häufiger die Vernunft beiseite. Die Folgen sind über kurz oder lang fatal.
Denn als längst überholt gilt die Annahme, dass der Verzicht auf Schlaf ein Zeichen besonderer Leistungsparameter wäre. Zwar rühmte sich einst Napoleon dafür, nach vier Stunden Schlaf völlig ausgeruht zu sein. So mancher berühmte Geist der Geschichte hat diese Schwelle nach eigenem Bekunden auch noch unterboten. Fragt sich nur, ob das auch noch gesund ist und vor allem ohne Folgen bleibt. Die Katastrophe von Waterloo könnte hier durchaus zu Spekulationen Anlass geben.

In Tests hat man nachgewiesen, dass nach einer Woche mit nur vier bis fünf Stunden Schlaf pro Nacht die kognitive Leistungsfähigkeit gesunder Versuchsteilnehmer so stark gemindert war, wie bei einem Blutalkoholspiegel von einem Promille. Je länger der teilweise Schlafentzug dauert, desto extremer sind die Folgen. Das Gehirn nimmt Visionen, Schatten und Geräusche wahr, die real nicht existieren. Unbestritten ist also, dass ausreichender Schlaf extrem wichtig ist.

Obwohl die regenerative Wirkung noch nicht voll erreicht ist, beenden aber viele Menschen ihre Bettruhe vorzeitig. Am Tage hinken sie deshalb ihrem Leistungspotenzial deutlich hinterher. Das oft belächelte Ausschlafen ist dabei nichts anderes als die konsequente Durchsetzung einer gesunden Schlafdauer. Die für den Körper so wichtigen Regenerationsprozesse brauchen ihre Zeit. Das Programm eines Arbeitsprozesses wird schließlich auch nicht abrupt beendet, obwohl das Ergebnis noch nicht erreicht ist.

Das Schlafbedürfnis selbst kann natürlich genetisch beeinflusst sein, von der körperlichen Verfassung und der Belastung am Tag abhängen und es steht auch in Verbindung mit dem Lebensalter: Ältere Menschen benötigen deutlich weniger Schlaf als Kinder. Studien haben belegt, dass sieben Stunden in der Regel ausreichen und des gesunden Allgemeinbefindens am zuträglichsten sind. Dauerndes Unterschreiten dieser Marke ist riskant, dauerndes Überschreiten allerdings nicht minder risikobehaftet.

Während des Schlafes durchlaufen wir mehrmals nacheinander sogenannte Schlafzyklen. Die Länge der Abschnitte ändert sich aber mit der Schlafdauer. Die Tiefschlafphasen werden nach den ersten drei Stunden kürzer. Da diese aber für die Erholung entscheidend sind, bestimmt ihre Qualität den gesamten Schlaf. Deshalb ist es nicht entscheidend, wann man ins Bett geht. Müdigkeit und sogenannte Bettschwere sind die ausschlaggebenden Faktoren für das Gelingen eines guten Schlafes.

Es macht also Sinn, sich nach dem körperlichen Verlangen zu richten und nicht nach der Uhr. Der oftmals schlechte Schlaf in der Nacht vom Sonntag auf den Montag entstammt übrigens genau diesem Problem. Wer sonntags länger als gewöhnlich ausschläft, der ist am Abend noch lange nicht müde. Das Zubettgehen wird also entweder hinausgeschoben oder aber das Einschlafen wird zur Qual. Dann wird sich individuell verschiedener Rituale bedient, um den Körper in den Schlaf zu versetzen. Schäfchen zählen gilt vielen als beste Methode, um das Einschlafen voranzutreiben. Dabei kommt es aber gar nicht darauf an, was gezählt wird. Die Monotonie der Gedanken und Vorgänge führen in ihrer Gleichförmigkeit zu Entspannung und innerer Ruhe. Nur verzählen sollte man sich dabei nicht allzu oft.

Schwierig: Alkohol am Arbeitsplatz

Jeder, der sich schon einmal nach rechtlicher Auskunft fragend an einen Juristen gewandt hat, der kennt diese Antwort: „Es kommt darauf an." Dieser Satz kennzeichnet nicht nur die Spezies dieser Berufsvertreter, er ist geradezu sinnbildlich dafür, wie schwierig es oftmals ist, im Recht eine pauschale Antwort zu geben. Dort kommt es eben immer darauf an, ob der dargestellte Sachverhalt sich mit dem im jeweilig betroffenen Regelwerk beschriebenen in Einklang bringen lässt. Subsumtion nennt man das im Recht. Nur wenn derlei gelingt, ist die dort festgelegte Rechtsfolge auch verwirklicht. Dass derlei oft schwierig und selten eindeutig ist, veranschaulichen die vielen Streitigkeiten vor Gericht. So ist das unter anderem auch mit dem Alkohol am Arbeitsplatz. Worauf es in diesem Zusammenhang ankommt, das zeigt sich bei genauer Betrachtung der Thematik.

Die pauschale Beantwortung der Frage, ob Alkohol am Arbeitsplatz grundsätzlich verboten ist und Verstöße immer auch eine Kündigung nach sich ziehen, ist aus eingangs erwähnten Überlegungen nicht möglich. Vielmehr bedarf es dazu einer genaueren Betrachtung aller Begleitumstände. Vor allem geht es bei Alkohol darum, ob und inwieweit die Konstitution des Einzelnen beeinträchtigt ist. Während sich in bestimmten Berufen der Alkohol am Arbeitsplatz generell verbietet, ist ein solcher Genuss zur Pausenzeit in maßen oft auch regional gelebte Tradition.

Viele Betriebe haben inzwischen ein generelles Verbot von Alkohol am Arbeitsplatz statuiert. Das umfasst in der Regel auch den Konsum vor Arbeitsantritt. Dort, wo ein ausdrückliches Verbot fehlt, gilt aber immer auch die arbeitsvertragliche Nebenpflicht, sich nicht durch Alkohol in einen Zustand zu versetzen, der eine ordnungsgemäße Arbeitsleistung nicht mehr zulässt. Anders als im Straßenverkehr, gibt es aber hier keine pauschalen Grenzwerte. Für die Beurteilung eines Verstoßes kommt es vielmehr dann auf die Art der Tätigkeit selbst an. Ist diese ohnehin von hohen Sicherheitsrisiken begleitet, so dürften schon geringste Mengen Alkohol auf einen Pflichtverstoß hindeuten. Ein solcher Verstoß kann Anlass für eine verhaltensbedingte Kündigung sein, der aber wohl regelmäßig eine entsprechende Abmahnung vorangegangen sein sollte. Für eine fristlose Kündigung hingegen reicht ein solches Verhalten nur selten.

Der Beweis allerdings bleibt immer schwierig. Arbeitnehmer sind generell nicht verpflichtet, einen Alkoholtest oder eine Blutentnahme durchführen zu lassen. Andererseits kann aber jeder in Verdacht geratene Arbeitnehmer eine

Atemalkoholmessung zu seiner Entlastung fordern (BAG, AZ:2 AZR 649/94).

In einem etwaigen Kündigungsrechtsstreit muss der kündigende Arbeitgeber darlegen und beweisen, dass der Arbeitnehmer alkoholbedingt nicht mehr in der Lage war, seine arbeitsvertraglichen Verpflichtungen ordnungsgemäß zu erfüllen oder ob durch die Alkoholisierung für ihn oder andere Arbeitnehmer ein erhöhtes Unfallrisiko bestand. Ausreichend sind hier nach der Rechtsprechung des Bundesarbeitsgerichts Indizien, mittels derer eine Alkoholisierung angenommen werden kann und Zeugen derlei bestätigen.

Doch nicht immer rechtfertigt Alkohol am Arbeitsplatz den Verlust desselben durch Kündigung. Gerade in Fällen krankhafter Alkoholabhängigkeit wird die Thematik erst richtig kompliziert. Eine solche Krankheit ist nach der Rechtsprechung des Bundesarbeitsgerichts dann anzunehmen, wenn infolge psychischer oder physischer Abhängigkeit gewohnheitsmäßiger Alkoholgenuss nicht aufgegeben oder reduziert werden kann. Wenn die Steuerbarkeit des eigenen Verhaltens in Bezug auf Alkohol fehlt, handelt es sich um eine Krankheit im medizinischen Sinne. Dann ist dem Betroffenen bei Fehlverhalten kein Schuldvorwurf zu machen und damit fehlt es an einer Grundlage, die eine verhaltensbedingte Kündigung rechtfertigen könnte (BAG, AZ: 2 AZR 32/11).

Allein eine personenbedingte Kündigung aus Krankheitsgründen wäre dann noch möglich. Das wiederum bedarf einer eingehenden Prüfung, um das Ganze auch notfalls vor Gericht bestehen zu lassen. Dabei müssen eine festgestellte negative Gesundheitsprognose und eine tatsächlich erhebliche Beeinträchtigung betrieblicher Interessen gegeneinander abgewogen werden. Die Gesundheitsprognose wird bei Alkoholkrankheit davon bestimmt, in welchem Stadium der Sucht sich der Arbeitnehmer befindet. Insbesondere sollte Augenmerk darauf gelegt werden, wie sich eventuell vorangegangene Therapien auf den Zustand ausgewirkt haben, ob eine grundsätzliche Therapiebereitschaft vorhanden ist und ob eine Therapie aus medizinischer Sicht Erfolg versprechen könnte. Der Arbeitgeber muss in der Regel vor Ausspruch einer Kündigung die Chance zu einer Entziehungskur eingeräumt haben.

Negativ dürfte die Gesundheitsprognose immer dann sein, wenn der Arbeitnehmer überhaupt nicht therapiebereit ist oder frühere Therapien durchgängig fehlgeschlagen sind. Aber auch hier braucht es einen langen Atem. Ein Rückfall allein soll nicht generell eine negative Gesundheitsprognose herbeiführen können (BAG, AZ: 2 AZR 32/11).

Auch der Kater danach ist eine Krankheit

Krank sein und krank machen - dazwischen liegen oftmals Welten. Doch gibt es Begebenheiten, wo selbst diese krassen Widersprüche sich aufzulösen scheinen. So geschehen im Herbst 2019 vor dem Oberlandesgericht Frankfurt am Main. Das Gericht erklärte dort völlig nüchtern, dass ein Kater nach reichlich Alkoholgenuss eine Krankheit darstellt (OLG Frankfurt a. M., AZ: 6 U 114/18).

Das begründeten die Richter folgendermaßen: Im Interesse eines möglichst wirksamen Gesundheitsschutzes, ist der Begriff „Kater" weit auszulegen. Er wird charakterisiert durch Symptome wie Müdigkeit, Übelkeit und Kopfschmerz. Derartige Merkmale liegen außerhalb der natürlichen Schwankungsbreite des menschlichen Körpers. Sie treten also nicht als Folge des natürlichen Auf und Ab des Körpers, sondern infolge des Konsum von Alkohol ein. Nicht maßgeblich ist dabei, dass die Auffälligkeiten regelmäßig von selbst verschwinden und keiner ärztlichen Behandlung bedürfen. Dafür, dass der Kater danach als Krankheit einzustufen ist, spricht auch die Tatsache, dass es hierfür einen medizinischen Fachbegriff gibt. Der Kater danach wird in der Terminologie der Mediziner mit Veisalgia bezeichnet.

Unter Krankheit ist demnach jede, also auch eine geringfügige oder vorübergehende Störung der normalen Beschaffenheit oder der normalen Tätigkeit des Körpers zu verstehen, fasst das Gericht seine Ausführungen zusammen. Konkret bedeutet das: Auch eine nur unerhebliche oder vorübergehende Störung der normalen Beschaffenheit, die geheilt, beseitigt oder gemindert werden kann und die nicht nur eine normale Schwankung der Leistungsfähigkeit darstellt, rechnet zum Begriff der Krankheit. So sind auch Kopfschmerzen eine Krankheit, nicht aber natürliche physiologische Zustände.

Nun urteilte das Gericht hier nicht etwa zur Rettung eines leidgeprüften Arbeitnehmers, der Sachverhalt hatte mit dem Arbeitsrecht überhaupt nichts zu tun. Vielmehr ging es um die Klage gegen einen Hersteller von Nahrungsergänzungsmitteln. Dieser hatte mit Produkten geworben, die einem Kater danach vorbeugen können bzw. seine Folgen mindern sollen.

Nach Auffassung des Gerichts verstoßen diese Werbeversprechen gegen das Verbot, Lebensmitteln krankheitsbezogene Eigenschaften zuzuweisen. Informationen über ein Lebensmittel dürfen diesem keine Eigenschaften der Vorbeugung, Behandlung oder Heilung einer menschlichen Krankheit zuschreiben oder den Eindruck dieser Eigenschaft entstehen lassen, betonten die Richter in dem Urteil. Eine Aussage ist dann krankheitsbezogen, wenn sie direkt oder indirekt den Eindruck vermittelt, dass das beworbene Lebensmittel zur Vorbeugung, Behandlung oder Heilung einer Krankheit beitrage. An dieser Stelle kam der Kater begrifflich als Krankheit ins Spiel.

Wer nun meint, diese Erkenntnis ließe sich problemlos auf etwaige Folgen einer durchzechten Nacht übertragen, um dem Arbeitsplatz fern zu bleiben, der könnte eine Enttäuschung erleben. Nicht etwa, weil der Arzt nicht einsichtig wäre. Dieser würde sicher bei entsprechenden Diagnose einen Krankenschein unterschreiben. Der Irrtum liegt vielmehr in der Sphäre der Entgeltfortzahlung.

Diese könnte der Arbeitgeber nämlich mit Verweis auf § 3 Absatz 1 Satz 1 EFZG zu Recht verweigern. Dort ist unmissverständlich geregelt, dass der Arbeitgeber bis zu sechs Wochen lang das volle Gehalt weiterzahlen muss, soweit die zugrunde liegende Krankheit ohne eigenes Verschulden eingetreten ist. Schuldhaft im Sinne des Rechts der Fortzahlung handelt deshalb jeder Arbeitnehmer, der in erheblichem Maße gegen die von einem verständigen Menschen im eigenen Interesse zu erwartende Verhaltensweise verstößt (so etwa das Landesarbeitsgericht Schleswig-Holstein, AZ: 1 TA 29/19). Schlechte Karten also für den Kater danach.

Wenn Drogen im Job zum Problem werden

Das Phänomen ist nicht ganz neu, die Fakten allerdings sind alarmierend und erschreckend. Offiziellen Erhebungen zufolge haben mehr als 15 Millionen Erwachsene zwischen dem 18. und dem 64. Lebensjahr in Deutschland schon mindestens einmal auf Drogen zurückgegriffen. Davon etwa 20 Prozent allein deshalb, um mit ihren Arbeitsanforderungen klarzukommen. Regelmäßig dopen sich laut aktueller Studien knapp eine Million Berufstätige überwiegend mit Medikamenten. Man geht aber von einer Dunkelziffer aus, die bis zu zwölf Prozent sogenannte Hirndoper unter der arbeitstätigen Bevölkerung vermuten lässt.

Alle hier in Rede stehenden Substanzen sind verschreibungspflichtige Medikamente. Sie können also auch erhebliche Nebenwirkungen haben, die jeder vernünftigen Kontrolle entzogen sind. Das Ganze gleicht einem Pulverfass und es stellt sich die spannende Frage nach dem Grund des Aufputschverlangens mittels Drogen.

Wie beim Sport, so ist auch hier die erwartete Leistungssteigerung einer der Verdächtigen. Allerdings auf der Skala der Gründe deutlich verdrängt von Ängsten und Nervosität. Gerade Frauen sind es, die ihr psychisches Wohlbefinden mit der Einnahme von Drogen regelmäßig steigern wollen, wohingegen Männer damit eher Leistung und

Konzentration am Limit halten. Der Weg zur Sucht ist auch hier ein schleichender Prozess, den die Betroffenen selbst am wenigsten wahrzunehmen in der Lage sind. Natürlich ist es am besten, Medikamente nie ohne medizinische Indikation und ohne Kontrolle einzunehmen. Doch das Problem des Dopings entsteht ja gerade abseits von diesen Erwägungen der Vernunft.

Vieles wird heute allzu leichtfertig der Leistungsgesellschaft geopfert, der man sich angeblich einfach nicht entziehen kann. Dabei ist das eine glatte Fehlinterpretation. Die Ehrlichkeit bei der Einschätzung des eigenen Leistungsvermögens und die genaue Kenntnis des eigenen Leistungslimits sind die Dreh- und Angelpunkte des Problems. Damit hat die Leistungsgesellschaft an sich nur sehr wenig zu tun. Es gibt immer Menschen, die bei Tag und Nacht arbeiten können, ohne körperliche Warnsignale zu erhalten. Andere hingegen benötigen Pausen und Ausgleich.

Darüber hinaus heißt es aber auch, Aufgaben abgeben zu können, ohne schlechtes Gewissen und ohne Kontrollwahn. Eine dauernde Selbstüberschätzung und die Ekstase des tätigen Tuns verhindern aber solch nüchterne Erwägungen. Dabei ist die optimale Selbstorganisation durchaus dazu geeignet, nicht den Drogen und dem Selbstbetrug zu verfallen. Jedem, der die Kurve in die Normalität nicht mehr alleine schafft ist zu raten, dass er sich professionelle Hilfe sucht.

Nach Ansicht des Bundesarbeitsgerichts genügt allein die Möglichkeit der Gefährdung anderer Personen, um eine fristlose Kündigung zu rechtfertigen (BAG, AZ. 6 AZR

471/15). Mithin spielt es keine Rolle, ob die Aufputschmittel während der Arbeitszeit oder aber in der Freizeit konsumiert worden sind. Es ist auch unerheblich, ob harte oder weiche Drogen im Spiel sind. Die möglichen Auswirkungen auf Dritte sind das entscheidende Kriterium. Insofern ist auch der Restalkohol relevant, den so mancher bei Arbeitsbeginn mit sich herumträgt.

Selbst schuld: Keine Fortzahlung trotz Krankheit

Das Leben steckt voller Risiken, das Corona-Virus ist dafür ein beredtes Beispiel. Es geht aber auch ein paar Nummern kleiner, wenn man beispielsweise die sportlichen Freizeitaktivitäten Einzelner betrachtet. Da bringt so manche Unternehmung die Gesundheit in erhebliche Gefahr. Doch was passiert eigentlich, wenn man dabei wirklich einen körperlichen Schaden erleidet und krankheitsbedingt dem Job fernbleiben muss? Rettet einen dann die Fortzahlung vor dem finanziellen Schaden?

Werden Arbeitnehmer krank, dann erhalten sie vom Arbeitgeber eine Fortzahlung ihres Verdienstes. Dieser Anspruch ist gesetzlich verbrieft und durchbricht das dem Arbeitsvertrag zugrunde liegende Austauschprinzip.
In der heutigen Form gibt es diese Absicherung auch erst seit rund 20 Jahren. In früherer Zeit war es durchaus mit Risiken verbunden, dem Arbeitsplatz krankheitsbedingt fernzubleiben. Die finanzielle Absicherung bei Krankheit regelt nunmehr das Entgeltfortzahlungs-Gesetz (EFZG). Dort ist unmissverständlich geregelt, dass der Ar-

beitgeber bis zu sechs Wochen lang das volle Gehalt weiterzahlen muss.

Gemäß § 3 Abs. 1 Satz 1 EFZG entsteht dieser Anspruch auf Fortzahlung, soweit die zugrunde liegende Krankheit ohne eigenes Verschulden eingetreten ist. Gerade diese Einschränkung ist es aber, die einem bei all zu großer Risikofreudigkeit zum Verhängnis werden kann.

Einen solchen Fall hatte vor einiger Zeit das Landesarbeitsgericht Schleswig-Holstein zu entscheiden (AZ: 1 TA 29/19). Dort wollte der Arbeitgeber seinem Arbeitnehmer die Fortzahlung im Krankheitsfall verweigern. Nach seiner Meinung hätte dieser einen Unfall selbst verschuldet und damit auch seine Arbeitsunfähigkeit schuldhaft herbeigeführt.

Passiert war das Ereignis, als der Beschäftigte einen abschüssigen Fußweg auf einer langgezogenen Kurve mit dem Fahrrad abwärts gefahren ist. Nach besagter Kurve fuhr er dann auf einem gepflasterten Weg weiter und stürzte auf der sich daran anschließenden Treppe. Deutlich vor der Unfallstelle befindet sich an dieser Treppe ein Verkehrszeichen, das den Weg ausdrücklich als Fußweg kennzeichnet. Zusätzlich ist dieses blaue Schild mit einem Zusatz: „Durchfahrt für Radfahrer nicht möglich" versehen. Nach Auffassung des Gerichts hat der Betroffene objektiv die Sorgfaltsanforderungen an einen Verkehrsteilnehmer in besonders groben Maße verletzt. Er war trotz des Warnhinweises weitergefahren und in der Folge die Treppe hinabgestürzt. Ihn trifft deshalb der Vorwurf des „Verschuldens gegen sich selbst". Das ist auch das Maß an den Grad des Verschuldens, den das Entgeltfortzahlungsgesetz für die Versagung der Fortzahlung verlangt.

Schuldhaft im Sinne des Rechts der Fortzahlung handelt deshalb nur der Arbeitnehmer, der in erheblichem Maße gegen die von einem verständigen Menschen im eigenen Interesse zu erwartende Verhaltensweise verstößt. Dabei ist von einem objektiven Maßstab auszugehen. Erforderlich ist hier ein grober oder gröblicher Verstoß gegen das Eigeninteresse eines verständigen Menschen und damit ein besonders leichtfertiges oder vorsätzliches Verhalten. Bei Verkehrsunfällen liegt ein den Anspruch auf Fortzahlung ausschließendes Verschulden immer dann vor, wenn der Arbeitnehmer seine Pflichten als Verkehrsteilnehmer vorsätzlich oder in besonders grober Weise fahrlässig missachtet.

Aus den genannten Gründen durfte im geschilderten Sachverhalt der Arbeitgeber mit Recht die Fortzahlung der Vergütung trotz Krankheit des verunfallten Arbeitnehmers verweigern. Zur Krönung des Ganzen hat er ihm auch noch die Kündigung präsentiert. Auch dies geschah in rechtlich zulässiger Weise.

Zuviel Risikofreude in der Freizeit kann also durchaus auch finanzielle Konsequenzen haben. Denn die Entgeltfortzahlung ist trotz des Rechtsanspruchs kein unbedingter Selbstläufer.

Direkt nach der Krankheit in den Urlaub

Der langersehnte Urlaub steht an. Alle Vorbereitungen sind getroffen. Doch was ist, wenn Tage vorher eine Krankheit den Weg zur Arbeit verhindert? Gerät damit auch der Urlaub in Gefahr?

Wenn Urlaub und Krankheit zusammentreffen, dann gibt es regelmäßig Probleme. Entweder verhalten sich Arbeitnehmer in derlei Fällen fehlerhaft oder aber Arbeitgeber reagieren außerhalb des rechtlichen Rahmens auf solche Konstellationen. Dabei sind die möglichen Fallgestaltungen in ihrer Zahl übersichtlich, die arbeitsrechtliche Einordnung überwiegend klar geregelt. Kompliziert wird es oft erst, wenn sich Mythen und Halbwissen auf beiden Seiten hinzugesellen. Deshalb landen Streitfragen zu dieser Kombination regelmäßig vor dem Arbeitsgericht.

So auch, wenn Arbeitnehmer pünktlich vor einem geplanten Urlaub krank werden. Nicht selten verlangen Arbeitgeber, dass die betroffenen Arbeitnehmer vor Antritt ihres geplanten Urlaubs noch mindestens für einen Tag am Arbeitsplatz erscheinen müssen. Ob sie sich von der vollständigen Genesung ihres Beschäftigten überzeugen wollen, das mag dahingestellt bleiben. Eine Verpflichtung hierzu besteht nicht. Überdies kann das auch zu aufwendigen Verschiebungen in der Reiseplanung führen, die für den Arbeitnehmer kostspielig und auch ärgerlich sind.

Es gibt keine gesetzliche Regelung, die einen lückenlosen Übergang vom Krankenbett in den Urlaub verbietet. Ebenso nicht gesetzlich geregelt ist, dass zwischen Krankheit und Urlaub eine bestimmte Zahl von Tagen gearbeitet werden muss. Selbst wenn ein Arbeitnehmer die überwiegende Zeit eines Jahres krank war, hat er Anspruch auf seinen Urlaub und kann ihn auch, soweit vorher geplant und genehmigt, unbeschadet antreten. Das Urlaubsrecht bindet den Anspruch auf Urlaub lediglich an den Arbeitsvertrag, nicht aber an tatsächlich geleistete Arbeit.

Die Verweigerung des Urlaubs, also genauer der Widerruf der Genehmigung, ist lediglich in den üblichen Ausnahmefällen möglich. Dazu bedarf es immer äußerst dringender betrieblicher Gründe, die im Einzelfall schwerer wiegen als das Erholungsinteresse des Mitarbeiters. Aus Gründen einer vorherigen Krankheit ist solch ein Widerruf der Urlaubsgenehmigung keinesfalls statthaft.

Verweigert der Arbeitgeber einen beantragten oder gar genehmigten Urlaub im Irrglauben, er dürfe wegen vorangegangener Krankheit mindestens an einem Arbeitstag Anwesenheit verlangen, so bleibt dem Arbeitnehmer nur der Gang vor Gericht. In diesem Fall ist natürlich Eile geboten. Deshalb gibt es für solche Fälle auch die Möglichkeit, eine Eilentscheidung per einstweiliger Verfügung zu erwirken. Wenn beide Seiten sich allerdings rechtzeitig juristischen Rat einholen, sind solche Eskalationen überflüssig.

Überlastungsanzeige als Selbstschutz

Einige Berufsbilder erfuhren während der Corona-Pandemie große Dankbarkeit und damit eine Publicity, die ihnen bis dato überwiegend unbekannt war. Doch damit allein kann es nicht sein Bewenden haben. In vielen der schon seit langem sträflich vernachlässigten Branchen macht sich inzwischen immer deutlicher das Unbehagen hinsichtlich immer noch unveränderter Arbeitsbedingungen breit. Neben der Vergütung gibt es dort diverse andere Baustellen, die nachhaltiger Korrektur bedürfen. Sogar die Drohung mit kurzfristigen Arbeitskämpfen steht immer mal wieder im Raum. Die Zeit dafür scheint günstig. Nennenswerte Veränderungen blieben bisher weitgehend aus. Für den Dauerstress selbst gibt es aber auch noch einen zusätzlichen, oft aber leider unbekannten Ausweg: die sogenannte Überlastungsanzeige.

Personalmangel, Überstundenflut, Tarifflucht - all das sind Hiobsbotschaften aus der Arbeitswelt. Diese Missstände nehmen seit Jahren in vielen Bereichen rasant zu, die Alten- und die Krankenpflege ist da nur ein besonders krasses Beispiel. Viele Beschäftigte ächzen unter der täglichen Belastung und die Gefahr von sich einschleichenden Fehlern wächst enorm. An diesem Punkt kommt die sogenannte Überlastungsanzeige ins Spiel.

Merkwürdigerweise ist diese Form des legitimen Selbstschutzes in vielen Betrieben unbekannt und wird deshalb auch nur recht selten genutzt. Von Überlastung spricht man, wenn von Arbeitnehmern mehr oder anderes verlangt wird, als das, was sie leisten können. Die Gründe sind vielschichtig und reichen von erhöhtem Krankenstand über aufgeblähte Aufgabenbereiche bis hin zu chronischem Personal- und Nachwuchsmangel. Erhöhte Belastungen, die nun im Zuge der Corona-Krise viele Beschäftigte erfahren mussten, gehören ohne Zweifel dazu.

Den Begriff der Überlastungsanzeige gibt es im Arbeitsrecht ausdrücklich weder in Gesetzen noch in Tarifverträgen. Die auch als Gefährdungsanzeige bezeichnete Reaktion auf Missstände am Arbeitsplatz ist eine Konkretisierung der gegenseitigen Nebenpflichten aus dem Arbeitsvertrag. Diese finden sich vor allem im Arbeitsschutzgesetz (ArbSchG) näher geregelt.

Nach § 15 ArbSchG ist jeder und jede Beschäftigte verpflichtet, sowohl für die eigene Gesundheit und Sicherheit Sorge zu tragen als auch für die aller Personen, die von beruflichen Tun betroffen sind. Nach § 16 ArbSchG haben Beschäftigte jede festgestellte unmittelbare erhebliche Gefahr für Sicherheit und Gesundheit oder einen Ausfall von Sicherungssystemen unverzüglich dem Arbeitgeber mitzuteilen.

Mit der Überlastungsanzeige können demnach Beschäftigte zweifelsfrei nachweisen, dass sie dieser Verpflichtung nachgekommen sind und der Arbeitgeber nun von den Missständen positive Kenntnis hat. In welcher Form die Überlastungsanzeige an den Arbeitgeber erfolgt, das ist nicht explizit vorgeschrieben. Allein aus Beweisgründen dürfte es von Vorteil sein, diese schriftlich zu verfassen und den Zugang zu dokumentieren. Dient die Überlastungsanzeige den Betroffenen doch gleichzeitig der eigenen Entlastung im Schadensfall. Sie ist also zugleich Selbstschutz.

Wird nach erfolgter Überlastungsanzeige ein Schaden verursacht, so sind die jeweils Anzeigenden vor der eigenen Haftung geschützt. Vor allem beim Umgang mit Menschen und großen Sachwerten ein wichtiger Umstand. Kommt doch sonst auch noch die Frage der Strafbarkeit des eigenen Tuns ins Spiel. Jedoch liegt in der Überlastungsanzeige kein Freibrief für eine generelle Arbeitsverweigerung. Die eigene Arbeitsleistung ist weiterhin sorgfältig und qualitätsgerecht zu erbringen. Aufgaben und Weisungen, die man aus Zeitgründen nicht erfüllen kann, muss man sofort und ausdrücklich zurückweisen. Nur dann gelangt man auch hier aus der Haftungsfalle. In der Not kann man Prioritäten setzen und notfalls neue Überlastungsanzeigen stellen.

Hat nämlich der Vorgesetzte von der Belastungssituation Kenntnis, ist er grundsätzlich verpflichtet, für Abhilfe zu sorgen. Tut er nichts, steht im Schadensfall seine eigene Haftung in Rede. Ein rotes Tuch sind derlei Anzeigen deshalb auch immer nur für die Arbeitgeber, die an guter Qualität der Arbeit kein Interesse haben. Alle anderen Vorgesetzten werden sich dafür bedanken. Kommt doch der anzeigende Beschäftigte allein seiner gesetzlichen Verpflichtung nach.

Dein Recht – Bildschirmbrille vom Arbeitgeber

Arbeitsschutz ist existenziell. Eine zentrale Rolle zur Durchsetzung einheitlicher Standards spielt dabei das Arbeitsschutzgesetz (ArbSchG). Es verpflichtet den Arbeitgeber, sämtliche Gesundheitsgefährdungen am Arbeitsplatz zu beurteilen und über notwendige Schutzmaßnahmen zu entscheiden. Zur passgenauen Anwendung auf alle erdenklichen Fälle, wird das Arbeitsschutzgesetz durch Arbeitsschutzverordnungen konkretisiert. Eine davon ist die sogenannte PSA-Benutzungsverordnung. Sie regelt die verpflichtende Bereitstellung persönlicher Schutzausrüstungen durch Arbeitgeber und die zwingende Benutzung derselben. Dazu kann in der modernen Arbeitswelt natürlich auch eine Bildschirmbrille gehören.

Die heute notwendigen Schutzausrüstungen unterscheiden sich erheblich von denen aus der Vergangenheit. Dies ist vor allem dem digitalen Wandel der Arbeitswelt geschuldet. Eine solche Umgebung ist inzwischen für mehr als 60 Prozent aller berufstätigen Deutschen Alltag. Das bedeutet tägliche Arbeit an Bildschirmen und Displays aller Art. Dass solche Belastungen dauerhaft auf die Augen gehen können, das liegt also im Bereich des Möglichen. Nach neuesten Untersuchungen klagt jeder Vierte bereits über brennende und tränende Augen bei oder nach der Arbeit. Für Abhilfe könnte hier eine spezielle Bildschirmbrille sorgen.

Mit wachsenden Anforderungen steigen auch hier die Kosten. Nicht zur Freude der Arbeitgeber, die diese Kosten verpflichtend tragen müssen. Deshalb wird nicht selten versucht, die Notwendigkeiten zu umgehen. Die persönliche Lesebrille ist dafür so ein Beispiel. Viele Arbeitgeber empfehlen, diese als erste Abhilfemaßnahme zu benutzen. Doch das wird den Ansprüchen an die Fürsorgepflicht des Arbeitgebers natürlich nicht gerecht. Darüber hinaus stoßen sowohl Lese- als auch Gleitsichtbrillen bei den in Rede stehenden Anforderungen an ihre Grenzen.

Eine Lesebrille ist für den typischen Leseabstand von etwa 30 Zentimetern tauglich. Der Monitor aber ist optimal auf Armlänge entfernt. Eine herkömmliche Gleitsichtbrille korrigiert zwar im für die Bildschirmarbeit wichtigen Sehabstand von etwa 70 Zentimetern. Jedoch wirkt das nur in einem schmalen Teil des Glases. Um arbeiten zu können, muss die Körperhaltung in ein ungesundes Maß verschoben werden. Es kommt zu typischen Verspannungen in der Halswirbelsäule.

Eine Bildschirmbrille hingegen hat einen breiten mittleren Sehbereich. Die Augen können so auch beim Blickwechsel zwischen Tastatur und Bildschirm optimal sehen. Bereits 30 bis 45 Minuten tägliche Arbeit am Bildschirm sind ausreichend. Damit kann ein Anspruch auf eine spezielle Bildschirmbrille gegen den Arbeitgeber begründet werden. So entschied das Arbeitsgericht Neumünster (4 Ca 1034b/ 99). Beratend soll in jedem Fall der Betriebsarzt tätig werden, um die optimale Sehhilfe zu bestimmen. Das formulieren die Verordnung zur arbeitsmedizinischen Vorsorge (ArbMedVV) im Anhang Teil 4 (2) unter Punkt 1. und § 6 der Bildschirmarbeitsverordnung (BildscharbV). Daran aber halten sich bisher nur wenige Arbeitgeber.

Gern wird in solchen Fällen auf das private Handeln der Arbeitnehmer zum eigenen Schutz vertraut. Doch in diesem Zusammenhang ist ein Urteil des Arbeitsgerichts Berlin interessant (Az: 58 Ca 5912/16). Dort kam man zu dem Ergebnis, dass es sich bei einer Bildschirmbrille um verpflichtenden Arbeitsschutz handelt und der Arbeitgeber die Kosten für diese spezielle Schutzausrüstung am Arbeitsplatz zwingend tragen muss. Als Anspruchsgrundlage hierfür gilt § 3 Absatz 3 Arbeitsschutzgesetz (ArbSchG). Die Arbeitsschutzverordnungen und zugrundeliegenden EU Richtlinien enthalten Mindestarbeitsbedingungen, von denen weder durch Erlasse zur Begrenzung der Kostenübernahme noch durch Tarifvertrag abgewichen werden kann.

Der Arbeitgeber hat hiernach die notwendigen Kosten zu tragen, die der Augenarzt im Brillenrezept verordnet. Im Umkehrschluss bedeutet das aber auch, dass er der Eigentümer der Brille ist. Wählt hingegen der Betroffene aus Geschmacksgründen ein anderes Gestell als das vom Arbeitgeber genehmigte, so kann er an den zusätzlich entstehenden Kosten beteiligt werden (BAG, AZ. 5 AZR 493/80). Allein in diesen Fällen ist die Nutzung der Bildschirmbrille dann auch in der Freizeit möglich.

Gesund und gefördert: Mit dem Fahrrad zur Arbeit

Die weithin diskutierte Klimaproblematik und auch schwere Unfälle in den Städten führten in jüngster Vergangenheit immer wieder zum Ruf nach mehr Fahrrad und deutlich weniger Motorisierung. Zusätzlich haben hier auch die Monate der Corona-Pandemie hineingespielt und die Sensibilisierung für den Themenkomplex der Infektionskrankheiten deutlich erhöht. Bietet doch das Fahrrad eine vortreffliche Alternative zu den meist hoch frequentierten öffentlichen Verkehrsmitteln. Die Gefahr einer Infektion ist an der frischen Luft um ein Vielfaches geringer. Doch es gibt für die Nutzung des Tretmobils durchaus auch noch andere Aspekte wichtiger Art:

Das Fahren mit dem Fahrrad ist eine äußerst effektive und zugleich auch gelenkschonende Art der Bewegung. Es gilt als erwiesen, dass eine Fülle sogenannter Zivilisationskrankheiten mit regelmäßigen Fahrten auf dem Rad in ihrer Entstehung gehemmt werden können. Da das Ganze auch noch ein sinnvoller Beitrag zur Schonung der Umwelt sein kann, kommt man eigentlich am Thema Fahrrad im Alltag nicht mehr vorbei.

Zumindest sah man das im Bundesfinanzministerium so, von wo aus vor einiger Zeit das Fahrrad dem Dienstwagen rückwirkend steuerlich gleichgestellt worden ist. Bis dahin war es vor allem leitenden Angestellten vergönnt, als zusätzlichen Gehaltsbestandteil regelmäßig ein neues Auto vor die Tür gestellt zu bekommen. Marke und PS-Zahl galten immer auch als Maßstab der Wertschätzung, das Ganze natürlich auch zur privaten Nutzung.

Für das Fahrrad haben sich inzwischen die steuerlichen Konditionen verbessert. Seit 01. Januar 2019 ist das Dienstrad deutlich begünstigst. Der geldwerte Vorteil, für die Überlassung eines Fahrrades durch den Arbeitgeber, muss vom Arbeitnehmer in Zukunft nicht mehr versteuert werden. Bisher war die 1 Prozent-Regel wie beim Dienstwagen Pflicht. Aber Vorsicht: Diese Steuerfreiheit tritt nur dann ein, wenn das Fahrrad dem Arbeitnehmer zusätzlich zum Gehalt zur Verfügung gestellt wird.

Fehlt das Kriterium der Zusätzlichkeit, dann gilt seit 2020 nunmehr eine 0,25 Prozent-Regelung. Der geldwerte Vorteil durch den Sachbezug wird dabei mit 0,25 Prozent des Fahrrad-Preises für die Steuerberechnung zum Gehalt hinzuaddiert. Die volle Kostenübernahme durch den Arbeitgeber, zusätzlich zum Gehalt, war bisher eher die Ausnahme. Durch die steuerlichen Erleichterungen könnte sich das nun aber ändern.

Beim Erwerb der Räder setzt der Arbeitgeber natürlich auf Sonderkonditionen, die sich in vergleichsweise niedrigen Leasingraten widerspiegeln. Die auf das überlassene Rad entfallende Leasingrate und die Versicherungsprämie behält der Arbeitgeber vom monatlichen Bruttolohn ein. Nutzen kann das Rad hiernach die ganze Familie.

Insgesamt sinkt dadurch die Basisgröße für Lohnsteuer und Sozialversicherung, so dass der Arbeitnehmer weniger Lohnsteuer und Sozialversicherungsbeiträge bezahlt. Damit aus dem Blickwinkel des Fiskus nicht der Arbeitnehmer schlussendlich als Leasingnehmer gilt, sollte sich der Arbeitgeber an den laufenden Kosten für das Rad beteiligen. Das können Zuschüsse, Versicherungsbeiträge oder auch die Übernahme von Reparaturen und Inspektionen sein.

Eine Kaufoption zum Schnäppchenpreis sollte der Überlassungsvertrag für das Rad auch nicht enthalten. Derlei Konstruktionen werden vom Finanzamt rigoros als geldwerter Vorteil eingestuft. Zumindest dann, wenn der Kaufpreis nach dreijähriger Leasingzeit weniger als 40 Prozent des Listenpreises beträgt. Diese preisliche Hürde hat das Bundesfinanzministerium mittels Erlass verfügt. Alternativ kann man das Rad nach drei Jahren aber auch zurückgeben und sich ein neues vom Arbeitgeber besorgen lassen. Dafür wird dann auch wieder ein neuer Leasingvertrag abgeschlossen.

Dass dem Umweltschutz gerade im innerstädtischen Verkehr mit einem verstärkten Wechsel aufs Rad gedient wäre, ist klar. Dass viele Mitarbeiter körperlich fitter wären und damit auch gesünder, das darf guten Gewissens vermutet werden. Warum das Ganze aber immer noch nur schleppend Anhänger findet, hat entweder mit Unkenntnis oder mit Trägheit zu tun. Beidem kann mit etwas gutem Willen abgeholfen werden. Ein sinnvoller Vorsatz für den künftigen Ausgleich durch Bewegung ist es allemal. Ein echter Beitrag zum Schutz der Umwelt ist es erst recht.

Das Arbeitsrecht kennt kein Hitzefrei – oder doch?

Wetterunbilden haben uns in den vergangenen Jahren ordentlich zugesetzt. Klimaforscher prophezeien für die Zukunft an Intensität deutlich zunehmende Phänomene. Neben den orkanartigen Winden sind es vor allem die Hitzeperioden, die uns in den hiesigen Breiten zu schaffen machen. Die jüngste Vergangenheit hat uns schon mal anschaulich demonstriert, was temperaturtechnisch so alles geht. Doch die brütende Hitze des Sommers könnte demnächst durchaus noch auf neue Quecksilber-Rekorde zusteuern, soweit die Vorhersagen Wirklichkeit werden.

An vielen Arbeitsplätzen wird das Arbeiten dann zur Tortour. Temperaturen jenseits von Gut und Böse können schnell zur Zumutung und zur Gesundheitsgefahr ausarten. Denn das Arbeitsrecht kennt zumindest nach offizieller Lesart kein Hitzefrei. Der Chef ist im schweißtreibenden Ernstfall erst einmal für Abkühlung und andere Erleichterungen verantwortlich.

Auch wenn die deutsche Bürokratie gemeinhin für ihre Regelungswut bekannt ist, klare Vorschriften zu etwaigen Höchsttemperaturen am Arbeitsplatz gibt es nicht. Im Paragraf 618 des Bürgerlichen Gesetzbuches wird der Arbeit-geber lediglich verpflichtet, den Arbeitsplatz so einzurich-ten, dass für das Leben und die Gesundheit der Arbeit-nehmer keine Gefahr besteht. Ein überaus dehnbarer Be-griff, der wohl einiger Präzisierung bedürfte.

Tatsächlich etwas deutlicher werden in dieser Hinsicht die Technischen Regeln für Arbeitsstätten (ASR), die Mindest-standards für Arbeitsplätze definieren. Hier wird eine Raumtemperatur für Arbeitsplätze von 26°C als angemes-sen angesehen. Das ist allerdings nur ein Richtwert, der bei Nichteinhaltung auch keine Rechtsfolgen nach sich zieht. Keiner hat also das Recht, seine Arbeit bei Überschreitung der 26 Grad-Marke abzubrechen. Doch das ist medizinisch durchaus bedenklich. Vor allem Schwangere, stillende Müt-ter und auch Arbeitnehmer mit Kreislaufproblemen kön-nen hier schon bedenklich ans Limit ihrer Verträglichkeit geraten. Sie sollten sich deshalb vorab ein ärztliches Attest besorgen, was ihnen die maximal zu tolerierende Tempera-tur am Arbeitsplatz bescheinigt. Kann der Arbeitgeber das nicht sicherstellen, gibt es einen Anspruch auf Hitzefrei per ärztlicher Empfehlung. Ohne Wenn und Aber!

Darüber hinaus sind Arbeitgeber aber generell gehalten, gesundheitsschützende Maßnahmen für alle Beschäftigten zu treffen. Die Bundesanstalt für Arbeitsschutz und Ar-beitsmedizin empfiehlt sogar eine Anpassung der Arbeits- und Pausenzeit an besonders heißen Tagen. So können Ar-beiten in den kühleren frühen Morgen oder in den späten Abend verlegt werden. Außerdem sollte es mehrere zusätz-liche Arbeitsunterbrechungen zur Erholung geben. Ab ei-ner Arbeitsplatztemperatur von 26°C sollte der Arbeitgeber also entsprechend reagieren, ab einer Temperatur von 30°C muss er es zwingend tun. Auch das schreiben die ASR vor.

Während Ventilatoren und ähnliche Geräte immer nur in Absprache mit dem Chef zur Anwendung kommen dürfen, ist der Schutz vor direkter Sonneneinstrahlung am Arbeitsplatz verbindlich vorgeschrieben. Eine Jalousie muss also im Büro ebenso zum Standard gehören wie andernorts entsprechend geeignete Schutzmaßnahmen.

Überschreitet die Temperatur am Arbeitsplatz trotz allem die 35°C, sind nach der Regelung A3.5 der ASR zwingend technische Maßnahmen zur Kühlung erforderlich. Da nicht jeder Arbeitgeber Luftduschen und Wasserschleier vorsorglich installiert hat, ist ein Hitzefrei in diesen Fällen unumgänglich. Der Arbeitsplatz ist als solcher nicht mehr geeignet. Ob man diesen dann auch selbständig verlassen kann, das ist bisher allerdings gerichtlich noch nicht entschieden worden. Eine gesetzliche Regelung fehlt dazu.

Im Freien arbeitende Menschen brauchen den Schutz vor direkter Sonneneinstrahlung ganz besonders. Um dieser Verpflichtung gerecht zu werden, sollen Arbeitgeber Sonnenschirme oder Schutzkleidung bereitstellen. Auch Sonnencreme, Sonnenbrillen und ausreichend Wasser sind notwendige und hilfreiche Schutzmaßnahmen an heißen Tagen. Verstöße gegen diese Arbeitsschutz-Standards sind eine klare Ordnungswidrigkeit, die mit Bußgeldern von bis zu 5000 Euro geahndet werden kann. Bringt ein Arbeitgeber durch unterlassene Schutzmaßnahmen das Leben oder die Gesundheit eines Beschäftigten in Gefahr, droht im schlimmsten Fall auch eine Gefängnisstrafe.

Eskalationen bringen natürlich generell Probleme mit sich. Jeder verantwortungsbewusste Arbeitgeber wird sich um den Arbeitsschutz sorgen. Kann er die Standards gegen Hitze am Arbeitsplatz nicht bieten, dann bleibt in letzter Konsequenz nur ein Hitzefrei. Sicher ist auch in diesem Fall sicher!

Das gilt im Übrigen auch ohne jegliche Abstriche im Homeoffice. Allein die Frage zu den Kosten einzelner Aufwendungen sollte eindeutig und rechtzeitig geklärt werden. Dazu gehört auch die Nutzung vorhandener Einrichtungen.

4. Arbeitsunfall als Problem

Beim Arbeitsunfall wird es oft kleinlich

Ein Arbeitsunfall ist immer eine unangenehme Angelegenheit. Nicht nur, dass ein Missgeschick zu körperlichen Schäden führt. Oft ist der anschließende Streit mit der Versicherung der unwürdigste Akt. Als Versicherer fungiert in solchen Fällen die Berufsgenossenschaft, in der jeder Unternehmer mit Beschäftigten eine Pflichtmitgliedschaft besitzt. Die Beiträge orientieren sich an den Ausgaben der Berufsgenossenschaft im letzten Geschäftsjahr, an Arbeitsentgelten und Gefahrenklassen.

Jeder Arbeitsunfall, der als solcher anerkannt wird, hat also automatisch auch Auswirkungen auf die Höhe der zukünftigen Beiträge. Deshalb lässt sich das regelmäßige Feilschen um die Anerkennung als Arbeitsunfall bis zu einem gewissen Grad auch nachvollziehen. Auf der anderen Seite besteht natürlich das Recht der Versicherten auf Schadensausgleich.

Zur Handhabung in der Praxis haben die hier zuständigen Sozialgerichte dezidierte Regeln aufgestellt. Dennoch entfacht sich an den meisten Unfällen immer noch Streit um Anerkennung und Ersatzpflicht.

In zunehmendem Maße geraten nun auch Vorgänge im Homeoffice in das Tagesgeschäft der Gerichte. Bisher wurden Arbeitsunfälle, die sich dort ereignet hatten, recht stiefmütterlich abgetan. In der Regel galt dort alles zuerst einmal als privat motiviert. Die Ausnahme beweisen zu können, das fiel oft schwer.

Doch dieser Ansatz gerät immer mehr ins Wanken. Ein beispielhaftes Urteil des Bundessozialgerichts erinnert einmal mehr an den Grundsatz, dass der sachliche Zusammenhang zwischen der zum Arbeitsunfall führenden Verrichtung und der Handlungsmotivation des Verunfallten im Fokus der Beurteilung stehen müssen (BSG, AZ: B 2 U 4/21 R).

Im dort entschiedenen Fall war ein Beschäftigter auf dem morgendlichen Weg vom Bett ins Homeoffice gestürzt. Er befand sich auf dem Weg zur Arbeitsaufnahme von seinem Schlafzimmer in das eine Etage tiefer gelegene häusliche Büro. Dort beginnt er üblicherweise unmittelbar zu arbeiten, ohne vorher zu frühstücken. Beim Beschreiten der die Räume verbindenden Wendeltreppe rutschte er aus und brach sich einen Brustwirbel. Die beklagte Berufsgenossenschaft lehnte Leistungen aus Anlass des Unfalls ab. Während das Sozialgericht den erstmaligen morgendlichen Weg vom Bett ins Homeoffice als versicherten Betriebsweg ansah, beurteilte das Landessozialgericht ihn als unversicherte Vorbereitungshandlung, die der eigentlichen Tätigkeit nur vorausgeht.

Das Bundessozialgericht hat die Entscheidung des Sozialgerichts bestätigt und sich damit auf die Seite des klagenden Verunfallten gestellt. Ausnahmsweise ist ein Betriebsweg auch im häuslichen Bereich denkbar, wenn sich Wohnung und Arbeitsstätte im selben Gebäude befinden (Urteil vom 5.7.2016 - B 2 U 5/15 R). Ob ein Weg als Betriebsweg im unmittelbaren Unternehmensinteresse zurückgelegt wird und deswegen im sachlichen Zusammenhang mit der versicherten Tätigkeit steht, bestimmt sich auch im Homeoffice nach der objektivierten Handlungstendenz des Versicherten, also danach, ob dieser bei der zum Unfallereignis führenden Verrichtung eine dem Unternehmen dienende Tätigkeit ausüben wollte und diese Handlungstendenz durch die objektiven Umstände des Einzelfalls bestätigt wird (Urteil vom 31.8.2017 - B 2 U 9/16 R).

Dass der Streit mit der zuständigen Berufsgenossenschaft noch kleinlicher ausgefochten werden kann, das erfuhr ein Industriemechaniker vor einiger Zeit leidlich in anderer Konstellation.

Im konkreten Fall kam dieser eines Morgens besonders früh zur Arbeit in einer Maschinenfabrik. Dort trank er an einem Stehtisch seinen morgendlichen Kaffee. Als der Vorgesetzte erschien und ihn anwies, den Tisch abzuräumen und Unterlagen aus einem Container zu holen, folgte der Arbeitnehmer dieser Weisung.

Er nahm hierzu seine Kaffeetasse auf, stürzte aber bereits nach wenigen Schritten. Dabei zersprang die leere Kaffeetasse und der Mann zog sich erhebliche Schnittverletzungen an der Hand zu. Etliche Nerven, die Beugesehne und mehrere Blutgefäße waren in Mitleidenschaft gezogen worden. Man könnte also meinen, ein klassischer Arbeitsunfall steht hier zur Disposition.

Tatsächlich wollte der Industriemechaniker von der zuständigen Berufsgenossenschaft dieses Missgeschick als Arbeitsunfall anerkannt haben. Diese lehnte jedoch mit dem Hinweis ab, dass Essen und Trinken und das damit in Zusammenhang stehende Verletzungsrisiko zum persönlichen und damit nicht versicherten Lebensbereich gehören.

Dabei spielt es auch keine Rolle, dass üblicherweise bei betrieblichen Besprechungen Kaffee getrunken wird.

Da sich der Sturz hier im Rahmen einer Dienstbesprechung ereignet hat und der Arbeitnehmer aufgefordert war, Unterlagen zu beschaffen, hat er sich zwar bei einer grundsätzlich versicherten Tätigkeit befunden. Das gleichzeitige Mitführen seiner eigenen Kaffeetasse sei aber als eigenwirtschaftliches Handeln zu werten. Deshalb versagte die Berufsgenossenschaft die Anerkennung als Arbeitsunfall. Das sahen die Richter am Sozialgericht Dortmund komplett anders und verurteilten die Berufsgenossenschaft, die Versicherungsleistungen zu übernehmen.

Der sachliche Zusammenhang zwischen Unfall und Verrichtung der Arbeit sei hier stets gegeben gewesen. Das Wegbringen der Kaffeetasse war aus betrieblichem Interesse erfolgt. Es spielt keine besondere Rolle, ob dabei betriebliche Arbeitsmittel oder private Gegenstände weggeräumt werden. Soweit der Unfall ohne eigenwirtschaftliches Interesse eingetreten ist, bleibt es unerheblich, ob am Unfallhergang ein Gegenstand beteiligt ist, der eigenwirtschaftlichen Zwecken dient. Das Landessozialgericht Nordrhein-Westfalen bestätigte das Urteil in einer Berufungsverhandlung (LSG Nordrhein-Westfalen Az: L 10 U 453/17).

Es entscheiden immer Details

Wie oft im Leben, so kommt es auch bei Ereignissen im Betrieb auf die Details an. Das gilt umso mehr, wenn es dabei um einen vermeintlichen Arbeitsunfall geht. Denn die Regelungen zur Unfallversicherung sind nicht immer leicht nachvollziehbar. Vor allem, weil der Arbeitsunfall nur als solcher gewertet wird, wenn die im Unfallzeitpunkt verrichtete Tätigkeit als zur Arbeit gehörend betrachtet werden kann.

Ein Arbeitsunfall liegt demnach immer nur dann vor, wenn ein sachlicher Zusammenhang zwischen der aus dem Arbeitsvertrag geschuldeten Tätigkeit und der im Unfallzeitpunkt ausgeübten Verrichtung vorhanden ist. Der Gesetzgeber hat dies alles im SGB VII (Siebtes Buch Sozialgesetzbuch) geregelt.

Diese Kleinlichkeit des Gesetzgebers bekam leidlich auch ein Monteur beim Besuch der Betriebstoilette zu spüren. Als er sich die Hände waschen wollte, rutschte er auf dem nassen und mit Seife verunreinigten Boden aus und schlug mit dem Kopf auf das Waschbecken. Nach Schichtende begab er sich in stationäre Behandlung, wo eine Nackenprellung und eine Gehirnerschütterung diagnostiziert wurden. Die Berufsgenossenschaft lehnte die Anerkennung als Arbeitsunfall ab, da der Aufenthalt auf der Toilette grundsätzlich privater Natur sei und somit nicht vom Versicherungsschutz gedeckt ist. Mit seiner hiergegen gerichteten Klage machte der Mechaniker geltend, dass er aufgrund des verunreinigten Zustandes des Toilettenbodens ausgerutscht sei. Dieser Bereich sei der Sphäre des Arbeitgebers zuzuordnen.

Doch auch das Sozialgericht Heilbronn wertete den Toilettenbesuch nicht als versicherte Tätigkeit im Sinne des SGB VII (SG Heilbronn, AZ: S 13 U 1826/17). Zum Zeitpunkt seines Sturzes habe der Arbeitnehmer keine Handlung verrichtet, die der unfallversicherten Tätigkeit als Mechaniker zuzurechnen sei. Grundsätzlich besteht zwar Versicherungsschutz auf dem Weg zu und von der Toilette. Schließlich sei der Besuch des stillen Örtchens eine unaufschiebbare Handlung und gehört zum Arbeitsalltag. Die Verrichtung auf der Toilette selbst allerdings dient rein privaten Interessen.

Daher ist nach Auffassung des Gerichts der Aufenthalt in einer betrieblichen Toilettenanlage grundsätzlich nicht unfallversichert. Bezogen auf den konkreten Fall habe sich beim Sturz des Arbeitnehmers auf dem mit Seife verunreinigten Boden auch keine besondere betriebliche Gefahr verwirklicht. Vielmehr hätte der Mechaniker auch bei Aufsuchen einer öffentlichen oder häuslichen Toilette stürzen können, da ein nasser Fußboden oder auch eine Verunreinigung mit Seife im Bereich des Waschbeckens in Toilettenräumen nicht unüblich ist.

Damit befindet sich diese Rechtsprechung im Einklang mit den Entscheidungen der obersten deutschen Sozialgerichtsbarkeit. Nach einhelliger Auffassung verläuft die Grenze zum unversicherten Risikobereich entlang des Zugangs zu den Toilettenräumen. Alles was dahinter geschieht, das bleibt privat.

Etwas anderes muss aber zwangsläufig dann gelten, wenn ein Beschäftigter während des Toilettenaufenthalts zeitgleich eine versicherte Tätigkeit ausübt. Das können ein dienstliches Telefonat, das Lesen wichtiger Unterlagen oder auch die Beantwortung von E-Mails sein. In diesen Fällen gehen die Gerichte von einer sogenannten Mischtätigkeit aus, die wiederum als solche versichert ist. In diesem Sinne urteilte bereits 2014 das Bundessozialgericht (BSG, AZ: B 2 U 4/13).

Hartnäckigkeit lohnt sich

Tagtäglich passieren Arbeitsunfälle in Deutschland. Die Zahl der tatsächlichen Unfälle dürfte weit über den jährlich ausgewiesenen Zahlen liegen, da in der Statistik lediglich die meldepflichtigen Ereignisse berücksichtigt werden. Meldepflichtig ist ein Arbeitsunfall immer dann, wenn er tödlich endet oder es in der Folge zu einer Bescheinigung der Arbeitsunfähigkeit von mehr als 3 Werktagen kommt. Die Meldepflicht dient allerdings in erster Linie der Prävention und der Statistik.

Da derlei Meldungen im Unternehmen eine wahre Papierflut auslösen, wird ein minder schweres Ereignis gern heruntergespielt. Dem jeweils Betroffenen kann daraus aber kein Schaden entstehen, wenn der Arbeitsunfall an sich bewiesen werden kann. Über einen solchen Fall, der inzwischen mehr als 50 Jahre zurückliegt, hatte vor einiger Zeit das Sozialgericht Dresden zu befinden (AZ: S 39 U 320/12).

Ein inzwischen 72-jähriger Mann beantragte im Jahre 2011 die Anerkennung eines Arbeitsunfalls, den er 1966 erlitten hatte. Er arbeitete damals als Gleisbauhelfer bei einem Betrieb, den später die Deutsche Reichsbahn übernahm. Bei Gleisbauarbeiten in Prenzlau war nach seiner Schilderung eine Kleinlokomotive entgleist. Mit einer Winde habe man versucht, die Lok aufzugleisen. Die Winde sei dabei ausgerutscht. Sie habe den kleinen Finger der linken Hand des Klägers und das zugehörige Gelenk der linken Hand samt anschließendem Mittelhandknochen stark gequetscht. In der Folge kam es zur Amputation des kleinen Fingers. Die zuständige Berufsgenossenschaft Bund und Bahn als Unfallkasse verweigerte jedoch die Anerkennung eines Arbeitsunfalls. Dabei verwies man auf fehlende Unterlagen zum Ereignis, die zwingend vorliegen müssten.

Der Betroffene verklagte die Unfallkasse auf Anerkennung als Arbeitsunfall und auf Leistungen infolge der Beschädigung seiner Gesundheit. Die Richter gaben der Klage statt und verurteilten die Berufsgenossenschaft antragsgemäß. Der Kläger konnte das Gericht mit seinen detaillierten Darstellungen überzeugen. Zusätzlich fand sich ein Behandlungseintrag von damals im SV-Ausweis des Mannes, der mit der Verletzung zusammen passte. Schlussendlich führte ein Gutachter aus, dass der fehlende Finger durchaus mit einem Arbeitsunfall in Zusammenhang gebracht werden kann.

Damit erklärte das Gericht einmal mehr der fälschlichen Annahme eine Absage, dass Leistungen der jeweils zuständigen Unfallkasse nur bei einem registrierten Arbeitsunfall zu erwarten sind. Im Zweifel genügt demnach auch eine überzeugende Beweisführung.

Arbeitsunfall bei Spaziergang und Kneipenbesuch

Beim Arbeitsunfall wird es oft kleinlich. Meist kommt es auf Details an, um in den Genuss von Leistungen der Unfallkasse zu gelangen. Echt knifflig wird es dann, wenn ein Unfall bei privaten Verrichtungen als Arbeitsunfall deklariert wird. Dann verweigert die zuständige Berufsgenossenschaft überwiegend und sehr beharrlich jegliche Anerkennung. Doch nicht immer ist sie damit im Recht.
Das Sozialgericht in Düsseldorf wertete beispielsweise den Unfall während eines Sonntagsspaziergangs als Arbeitsunfall (SG Düsseldorf, Az. S 6 U 545/14). Nach Auffassung des Gerichts stand hier allein der Genesungsprozess im Vordergrund. Alle ihm nützenden Tätigkeiten während der Krankheit waren demnach zu respektieren und konnten in der Auswahl dem freien Ermessen des Betroffenen unterliegen.

Auf Anerkennung als Arbeitsunfall geklagt und letztlich obsiegt hatte ein Arbeitnehmer, der sich in einer genehmigten, stationären Rehabilitationsmaßnahme befand. Dort absolvierte er an einem Sonntag einem privaten Spaziergang, als er beim Überqueren eines Zebrastreifens von einem Auto erfasst und verletzt wurde. Daraufhin erhob der 60-jährige Anspruch auf Versicherungsleistungen aus der Berufsgenossenschaft als gesetzliche Unfallversicherung.
Die Berufsgenossenschaft lehnte die begehrte Zahlung allerdings ab und verwies darauf, dass es sich bei dem Spaziergang um eine rein private, auf eigene Gefahr betriebene Tätigkeit gehandelt habe. Derlei sei nicht ärztlich verordnet gewesen und stehe damit in keinem Zusammenhang mit der Rehabilitation des Klägers. Ein rein zeitlich-örtlicher

Zusammenhang reiche nicht aus, um einen Anspruch auf Versicherungsleistungen zu begründen.

Dem Betroffenen war zum Zwecke einer Gewichtsabnahme mehr Bewegung empfohlen worden. Mit dem Spaziergang wollte er aktiv zum Gelingen der Rehabilitationsmaßnahme beitragen, argumentierte das Unfallopfer.

Das Gericht folgte diesen Ausführungen: Befindet sich ein Arbeitnehmer in einer Rehabilitationsmaßnahme und hat in diesem Zusammenhang einen Unfall, so stellt dies einen Arbeitsunfall dar und berechtigt zu Leistungen aus der gesetzlichen Unfallkasse. Dabei schadet es auch nicht, wenn der Unfall während eines Sonntagsspaziergangs geschieht. Auch ein außerhalb der Rehabilitation durchgeführter Sonntagsspaziergang könne einen Arbeitsunfall begründen, so die Richter.

Zwar habe der Spaziergang an einem therapiefreien Tag stattgefunden, doch bestehe durchaus ein Zusammenhang mit der Rehabilitationsmaßnahme des Mannes. Auch die fehlende ärztliche Verordnung spielte für das Gericht keine Rolle. Es reiche aus, so seine Begründung, wenn der Versicherte von seinem Standpunkt aus der Auffassung sein durfte, die Tätigkeit sei geeignet, der stationären Behandlung zu dienen und diese Tätigkeit zudem objektiv kurgerecht sei. Beides sei bei dem hier streitigen Spaziergang gegeben gewesen.

Ganz anders wurde ein Unfall bewertet, der beim Heimweg aus einer Gasstätte geschah. Hierin sah das zur letztinstanzlichen Entscheidung berufene Bundessozialgericht keinen von der gesetzlichen Unfallversicherung zu regulierenden Arbeitsunfall (BSG, Az: B 2 U 12/18 R).

Bei dem zugrunde liegenden Sachverhalt befand sich eine Frau in einer verordneten Rehabilitationsmaßnahme, um ihre diagnostizierte Anpassungsstörung behandeln zu lassen. Die Ärzte der Klinik empfahlen der Frau, Kontakt mit den anderen Reha-Patienten zu suchen und sich mit den Teilnehmern ihrer Therapiegruppe zu Abendaktivitäten zu verabreden. Gemeinsame Unternehmungen wurden von der Klinik allgemein gewünscht und empfohlen. Konkrete Unterstützungsmaßnahmen durch die Klinik oder eine konkrete ärztliche Anweisung zu einer solchen Unternehmung oder eine therapeutische Begleitung der Aktivitäten erfolgten nicht.

An einem Samstagabend schlug einer der Patienten einen gemeinsamen Gaststättenbesuch vor. Auf dem Rückweg stürzte die Frau und verletzte sich an den Fingern der linken Hand. Die Berufsgenossenschaft lehnte die Gewährung von Leistungen aus der Gesetzlichen Unfallversicherung ab, weil der Ausflug eine eigenwirtschaftliche Tätigkeit gewesen sei.

Das Gericht folgte dieser Argumentation, die auch schon die Vorinstanzen bestätigt hatten. Danach besteht auch bei einer vollstationären Behandlung kein Versicherungsschutz "Rund um die Uhr", sondern nur, wenn die konkrete Verrichtung als Bestandteil der medizinischen Rehabilitation ärztlich oder durch sonstige in die Rehabilitation eingebundene Personen angeordnet oder empfohlen worden ist. Eine solche muss dabei konkret auf einzelne Versicherte unter Bezug auf ihren Rehabilitationsbedarf erfolgen. Allgemeine Empfehlungen außerhalb konkreter Behandlungsmaßnahmen genügen dagegen nicht.

Manchmal schwierig: Gleichheit vor dem Gesetz

Alle Menschen sind vor dem Gesetz gleich. Das formuliert Artikel 3 des Grundgesetzes schon im ersten Absatz. Es ist nichts anderes als die Erhebung des Gleichheitssatzes zur Grundlage allen Handelns des Staates. Doch was hier so einfach klingt, das trifft im täglichen Geschehen nicht selten auch auf Zweifel an der Gleichheit. Beispielhaft soll dafür ein Arbeitsunfall auf der Toilette herhalten, der eine sehr unterschiedliche rechtliche Bewertung erfuhr: einmal für einen Arbeitnehmer, ein weiteres Mal für eine Beamtin.

Letztere hatte während ihrer Dienstzeit das im Dienstgebäude gelegene WC aufgesucht, war dabei mit dem Kopf gegen den Flügel eines Fensters gestoßen und zog sich dabei eine stark blutende Platzwunde zu. Das beklagte Land Berlin, als Dienstherr der Beamtin, lehnte die Anerkennung des Ereignisses als Dienstunfall ab. Es wurde argumentiert, dass es sich bei der Nutzung der Toilette nicht um eine Dienst-, sondern um eine private Angelegenheit handelt. Die Betroffene zog vor Gericht und bekam ihr rechtskräftiges Urteil schlussendlich vor dem Bundesverwaltungsgericht (BVerwG 2C 17.16). Danach steht ein Beamter bei Unfällen, die sich innerhalb des vom Dienstherrn beherrschbaren räumlichen Risikobereichs ereignen, unter dem Schutz der beamtenrechtlichen Unfallfürsorge.

Risiken, die sich hier während der Dienstzeit verwirklichen, sind grundsätzlich dem Dienstherrn zuzurechnen. Das gilt unabhängig davon, ob die konkrete Tätigkeit, bei der sich der Unfall ereignet, dienstlich geprägt ist. Eine Ausnahme gilt nur für Fälle, in denen die konkrete Tätigkeit vom Dienstherrn ausdrücklich verboten ist oder dessen wohlverstandenen Interessen zuwiderläuft. Für die Entscheidung des Falles ist demnach allein die Regelung im Landesbeamtenversorgungsgesetz Berlin maßgeblich, die § 31 Abs. 1 Beamtenversorgungsgesetz (BeamtVG) entspricht.

Die Gleichheit zwischen Beamten und Arbeitnehmern unterliegt gesonderter Betrachtung.
Ganz anders wurde nämlich ein ähnliches Ereignis bewertet, das einem Arbeitnehmer auf der Toilette seines Arbeitgebers widerfuhr. Als er sich dort die Hände waschen wollte, rutschte er auf dem nassen und mit Seife verunreinigten Boden aus und schlug mit dem Kopf auf das Waschbecken. Die Berufsgenossenschaft lehnte die Anerkennung als Arbeitsunfall ab, da der Aufenthalt auf der Toilette grundsätzlich privater Natur sei und somit nicht vom Versicherungsschutz gedeckt ist. Auch das Sozialgericht Heilbronn wertete den Toilettenbesuch nicht als versicherte Tätigkeit im Sinne des SGB VII (SG Heilbronn, AZ: S 13 U 1826/17). Zum Zeitpunkt seines Sturzes habe der Arbeitnehmer keine Handlung verrichtet, die der unfallversicherten Tätigkeit als Mechaniker zuzurechnen sei. Grundsätzlich besteht zwar Versicherungsschutz auf dem Weg zu und von der Toilette. Schließlich sei der Besuch des stillen Örtchens eine unaufschiebbare Handlung und gehört zum Arbeitsalltag. Die Verrichtung auf der Toilette selbst allerdings dient rein privaten Interessen.

Ein Arbeitsunfall liegt demnach immer nur dann vor, wenn ein sachlicher Zusammenhang zwischen der aus dem Arbeitsvertrag geschuldeten Tätigkeit und der im Unfallzeitpunkt ausgeübten Verrichtung vorhanden ist. Der Gesetzgeber hat dies alles im SGB VII (Siebtes Buch Sozialgesetzbuch) geregelt. Nach einhelliger Auffassung verläuft die Grenze zum unversicherten Risikobereich entlang des Zugangs zu den Toilettenräumen. Alles was hinter geschieht, das bleibt privat.

Etwas anderes kann nur dann gelten, wenn ein Beschäftigter während des Toilettenaufenthalts zeitgleich eine versicherte Tätigkeit ausübt. Das können ein dienstliches Telefonat, das Lesen wichtiger Unterlagen oder auch die Beantwortung von E-Mails sein. In diesen Fällen gehen die Gerichte von einer sogenannten Mischtätigkeit aus, die wiederum als solche versichert ist. In diesem Sinne urteilte bereits 2014 das Bundessozialgericht (BSG, AZ: B 2 U 4/13).

Während der Arbeitnehmer also für seinen Unfall keinen Ausgleich in Geld erhielt, kam ein solcher der Beamtin zugute. Dies verdankt sie dem Umstand, dass ein Beamter während der Dienstzeit als ständig im Dienst behandelt wird. Ein Arbeitnehmer hingegen nur dann, wenn er auch zugleich eine entsprechende Tätigkeit verrichtet. Zweifel an der Gleichheit bestehen dennoch. Denn das wirkt auf den ersten Blick ungerecht. Artikel 3 Abs. 1 GG gebietet jedoch keine umfassende Gleichheit. Gleichbehandlung setzt vielmehr Vergleichbarkeit der Sachverhalte voraus. Ein generelles Gleichheitsgebot kann deshalb aus Art. 3 Abs. 1 GG nicht abgeleitet werden. Die Vorschrift verbietet viemehr jede unterschiedliche Behandlung ohne sachlichen Grund, was nichts anderes als das Verbot von Willkür ist.

Hierbei ist die besondere Stellung der Beamten von Bedeutung. Diese ist in Artikel 33 des Grundgesetzes verbrieft. Ihr Dienstverhältnis unterliegt entsprechenden Erwartungen seitens des Dienstherrn. Dazu zählen unter anderem Treue, Gehorsam, Verschwiegenheit und der Verzicht auf Streiks. Als Gegenwert bietet der Staat seinen Beamten und ihren Familien eine lebenslange Alimentation in Form umfassender Fürsorge, eines lebenslangen Beamten-Status und auskömmlicher Pensionen. Die ungleiche Behandlung beim geschilderten Arbeitsunfall beruht demnach auf einem sachlichen Grund.

Wegeunfall ist nicht immer ein Arbeitsunfall

Das Bundessozialgericht musste unlängst mal wieder abschließend zum Thema Wegeunfall urteilen. Aus diesem Anlass haben die Richter die bis dato durchaus verwirrende Rechtsprechung konkretisiert. Demnach ist es für den Versicherungsschutz nicht erheblich, ob der Weg zur Arbeit von zu Hause aus erfolgt oder von der Arbeit ein anderes Ziel angesteuert wird. Auch kommt es dabei nicht auf die erheblich abweichende Weglänge und Fahrzeit an. Denn diese Kriterien finden sich nicht in der gesetzlichen Regelung des SGB VII (BSG, AZ: B 2 U 2/18 R und B 2 U 20/18 R). Damit sind allerdings noch nicht alle Unklarheiten zu dieser Thematik beseitigt.

Jeder Arbeitnehmer ist versichert, pflichtversichert. Damit wird sichergestellt, dass eintretende Schäden nicht zu Lasten der abhängig Beschäftigten gehen. Arbeitgeber können sich dieser Versicherungspflicht generell nicht entziehen, ähnlich der Haftpflichtversicherung beim Auto. Doch damit ist nur der Grundsatz des Versicherungsschutzes festgeschrieben. Nicht jeder Schaden wird auch ersetzt. Besonderheiten und Einschränkungen gibt es beispielsweise beim Wegeunfall. Immerhin fast 200.000 derartige Unfälle wurden zuletzt pro Jahr registriert.

Der Unfallschutz der gesetzlichen Unfallversicherung wird durch § 8 II Nr.1 SGB VII dahingehend erweitert, dass neben dem originären Arbeitsunfall bei einer versicherten Tätigkeit auch der Weg nach und von dem Ort der Tätigkeit versichert ist. Wie der Arbeitnehmer zur Arbeit gelangt, das darf er grundsätzlich selbst entscheiden, ohne dass es Auswirkungen auf den gesetzlichen Unfallversicherungsschutz hat.

Doch nicht jeder Unfall auf dem Weg von oder zur Arbeit wird als Wegeunfall anerkannt. Da ist die Unfallversicherung sehr kleinlich und die angerufenen Gerichte sind es auch. In der Regel soll nur der schnellste, kürzeste und unmittelbare Weg vom Wohnort zum Arbeitsplatz versichert sein. Das kann durchaus zu haarspalterischen Analysen der Abläufe führen.

So entschied das Bundessozialgericht (BSG) in Kassel (AZ: B 2 U 1/16 R und B 2 U 11/16 R), dass die Unterbrechung des Arbeitsweges zum Einkauf oder anderer Verrichtungen erhebliche Relevanz besitzt. Die Unterbrechung des Weges ist grundsätzlich privat motiviert und nicht versichert. Setzen die Betroffenen ihren direkten Weg zur oder von der Arbeit wieder fort, lebt der gesetzliche Versicherungsschutz auch wieder auf. Entscheidend für einen Wegeunfall ist also nur, wann genau das Ereignis eintritt.

Insofern ist es natürlich konsequent, auch wenn es kleinlich wirkt, dass Arbeitnehmer im Regelfall auch dann keinen

Unfallschutz genießen, wenn sie auf dem Weg von oder zur Arbeit versehentlich falsch abbiegen (Bundessozialgericht, AZ: B 2 U 16/15 R). Deshalb wird konsequenterweise auch immer dann der Versicherungsschutz abzulehnen sein, wenn der Weg zur Arbeit zeitlich vorgezogen wird, um anderweitigen Erledigungen rein privater Natur nachzugehen. (LSG Baden-Württemberg, AZ: L 8 U 4324/16). Denn die gesetzliche Regelung versichert den Wegeunfall grundsätzlich nur für den unmittelbaren Weg. Allerdings kann im Einzelfall auch ein anderer Ort als der Wohnort des Versicherten Start oder Ziel des versicherten Weges sein. Voraussetzung für einen derartigen Versicherungsschutz ist aber nach Ansicht des Bundessozialgerichts, dass der Aufenthalt an dem dritten Ort zuvor mindestens zwei Stunden andauerte. Darüber hinaus muss ein innerer sachlicher Zusammenhang zwischen Aufenthalt und versicherter Tätigkeit bestehen. Dieser fehlt in der Regel bei direkter Rückkehr aus dem Urlaubsort.

Dieser unmittelbare Zusammenhang mit den Betriebsinteressen spielt auch bei Wegen innerhalb des Betriebes eine Rolle. Wer beispielsweise während seiner Arbeitszeit die Toilette aufsucht und auf diesem Weg einen Unfall erleidet, hat Ansprüche auf Leistungen aus der gesetzlichen Unfallversicherung. Bei dem Gang zur Toilette handelt es sich um eine unaufschiebbare Handlung, die der Fortsetzung der Arbeit direkt im Anschluss dient. Somit liegt dieser Weg auch im Interesse des Arbeitgebers und es besteht daher Versicherungsschutz.

Anders hingegen wird die Zigarettenpause bewertet: Gerichte sehen die Raucherpausen grundsätzlich als privat motivierte Unterbrechung der Arbeit. Unfälle, die auf diesen Wegen passieren, unterliegen damit auch nicht dem gesetzlichen Versicherungsschutz (SG Karlsruhe, Urteil v. 27.10.2015, Az.: S 4 U 1189/15).

Noch komplizierter wird die Behandlung als Wegeunfall bei gemischten Tätigkeiten. Erforderlich ist für die Deklarierung als Wegeunfall immer ein sachlicher Zusammenhang der unfallbegründenden versicherten Fortbewegung als Vor- und Nachbereitungshandlung mit der versicherten Tätigkeit.

Was man beim Fußweg, beim Fahrrad- oder Autofahren oder beim Benutzen der Bahn durchaus bejahen muss, dass wird bei der Kombination gleichzeitiger Verrichtungen schwierig. Vor allem dann, wenn sich der vor- oder nachdienstliche Weg mit privaten Tätigkeiten vermischt. Wer demnach auf dem Weg von oder zur Arbeit privat telefoniert und die Ablenkung durch das Telefonat eine wesentliche Ursache bei einem Unfall darstellt, der genießt keinen Versicherungsschutz. Die Anerkennung als Arbeitsunfall bleibt hier versagt (SG Frankfurt am Main, AZ: S 8 U 207/16).

Nun gibt es auf den Wegen zur oder von der Arbeit für viele Eltern keine Alternative, als auch direkt die KITA anzusteuern. Darauf hat der Gesetzgeber schon vor vielen Jahren reagiert und diese Unterbrechung als unschädlich für den Versicherungsschutz eingestuft. Seit einiger Zeit gilt dieser Grundsatz auch dann, wenn man im Homeoffice tätig ist. Diese Lücke musste in Zeiten der Corona-Pandemie zwangsläufig geschlossen werden.

Sturz aus dem Fenster als Wegeunfall

Ein Wegeunfall ist immer eine höchst unangenehme Sache. Entweder man kommt nicht pünktlich und gesund zur Arbeit oder aber der Heimweg zum Feierabend misslingt, Schmerzen und Schaden an der Gesundheit inklusive. Doch damit nicht genug: Zu allem Überfluss an Ärgernis kommt dann in vielen Fällen auch noch der Streit mit der Berufsgenossenschaft hinzu. Die weigert sich regelmäßig, den Anspruch auf Versicherungsleistungen zu regulieren. Dann landet das Ganze vor Gericht. Die dort getroffenen Entscheidungen sind nicht immer nachvollziehbar.

Rechtsgrundlage für den Ausgleichsanspruch bei einem Wegeunfall ist das Siebte Buch Sozialgesetzbuch (SGB VII). Hier wird in über 200 Paragrafen geregelt, wer versicherungspflichtig ist, unter welchen Voraussetzungen die Berufsgenossenschaften zu welchen Leistungen verpflichtet sind, wie die finanziellen Mittel aufgebracht werden und wie die Berufsgenossenschaften organisiert sind. Dabei spielen, neben den Berufskrankheiten, die Schadensereignisse zum Arbeitsunfall und zum Wegeunfall eine zentrale Rolle.

Erschöpfend lassen sich aber nun mal nicht alle Lebenssachverhalte in einem Gesetz regeln. Lediglich der Rahmen kann hier mit einer Legaldefinition abgesteckt werden. So auch in § 8 Absatz 1 SGB VII für den Arbeitsunfall. Die dort getroffene Definition ist Basis für den Unfallschutz der gesetzlichen Unfallversicherung. Dieser wird durch § 8 Absatz 2 Nr.1 SGB VII dahingehend erweitert, dass neben dem originären Arbeitsunfall bei einer versicherten Tätigkeit auch der Weg nach und von dem Ort der Tätigkeit versichert ist. Wie der Versicherte den Weg gestaltet, das darf er grundsätzlich selbst entscheiden, ohne dass es Auswirkungen auf den gesetzlichen Unfallversicherungsschutz hat. Doch nicht jeder Unfall auf dem Weg von oder zur Arbeit wird als Wegeunfall anerkannt. Da ist die Unfallversicherung dann wieder sehr kleinlich.

Grundsätzlich soll nur der schnellste, kürzeste und unmittelbare Weg zum und vom Arbeitsplatz als versichert gelten. Erforderlich ist mithin ein sachlicher Zusammenhang der unfallbegründenden, versicherten Fortbewegung als Vor- und Nachbereitungshandlung mit der versicherten Tätigkeit. Ein solcher Zusammenhang ist anzunehmen, wenn die Fortbewegung von dem Zweck bestimmt ist, den Ort der Tätigkeit zu erreichen bzw. von dort wieder nach Hause zu gelangen.

Bei Hindernissen auf diesem Weg kann es kompliziert werden. Dabei sind ungewöhnliche Lösungen nicht grundsätzlich vom Versicherungsschutz ausgeschlossen. So kann beispielsweise auch jede Gebäudeöffnung Startpunkt des unfallversicherten Weges sein, wenn der direkte, unmittelbare Weg durch die Haustür versperrt ist. Folglich ist der Sturz aus einem Fenster als ein Wegeunfall im Sinne des § 8 Abs. 2 Nr. 1 SGB VII zu deklarieren, wenn Hindernisse einen anderen Weg zur Arbeit versperrt haben. Dies hat das Bundessozialgericht in einem nicht alltäglichen Fall entschieden (BSG, Urteil v. 31.08.2017, AZ.: B 2 U 2/16 R).

Der Inhaber einer KFZ-Lackier-Werkstatt wollte seine Wohnung verlassen, um zu einem Geschäftstermin zu gelangen. Beim Versuch die von innen zugeschlossene Wohnungstür zu öffnen, brach der Wohnungsschlüssel ab. Da der Firmeninhaber den Geschäftstermin unbedingt wahrnehmen wollte, entschied er sich, die Wohnung durch ein Fenster zu verlassen. Die Wohnung lag im Dachgeschoss eines zweieinhalbstöckigen Mehrfamilienhauses. Von einem Fenster der Dachgeschosswohnung wollte der Mann ein etwa 2,60 m tiefer liegendes Flachdach erreichen, worüber er wiederum hätte den etwa 2,60 m tiefer liegenden Boden erreichen können.

Doch die Umsetzung seines anspruchsvollen Planes misslang gründlich. Beim Versuch, sich auf das Flachdach herabzulassen, stürzte der Mann ab und brach sich dabei den rechten Unterschenkel. Erst mehr als eine geschlagene Stunde später wurde eine Nachbarin auf die Hilferufe des in luftiger Höhe kauernden Mannes aufmerksam. Sie verständigte schließlich den Notarzt.

Der Firmeninhaber, der freiwillig versichert war, machte in Anbetracht der Ereignisse Ansprüche gegen die gesetzliche Unfallversicherung geltend. Diese erkannte in dem Geschehen keinen versicherten Wegeunfall und lehnte das Begehren ab. Daraufhin erhob der Geschädigte Klage, die sowohl Sozialgericht als auch Landessozialgericht als unbegründet abwiesen. Erst die Revision beim Bundessozialgericht verhalf dem Unglücklichen zum Erfolg.

Das Bundessozialgericht erkannte im Sturz des Klägers einen Wegeunfall im Sinne des § 8 Absatz 2 Nr. 1 SGB VII und wertete das Ganze als versicherten Arbeitsunfall. Schließlich habe sich der Geschädigte beim Verlassen der Wohnung durch das Fenster auf dem versicherten Arbeitsweg befunden. Zwar sei Startpunkt des hier in Rede stehenden Arbeitswegs grundsätzlich und in der Regel die

Haustür des Mehrfamilienhauses. Diese Tür sei für den Kläger aber nicht erreichbar gewesen.

Zwar müsse der gewählte Arbeitsweg geeignet sein, so das Bundessozialgericht, den Ort der Tätigkeit zu erreichen. Dies sei hier aber gegeben gewesen. Bei dem Höhenunterschied zwischen den Etagen von ca. 2,60 m habe ein objektiver Dritter noch annehmen dürfen, dem Kläger würde das Herabklettern aus dem Dachgeschossfenster unfallfrei gelingen. Gleichwohl weist das Gericht darauf hin, dass die Freiheit der Routenwahl, der Fortbewegungsart und des Fortbewegungsmittels nicht unbegrenzt gelten darf. Grundsätzlich sei der deutlich risikoärmere Weg zu wählen.

Das Handy als Problem beim Wegeunfall

Jeder Arbeitnehmer ist versichert, pflichtversichert über seinen Arbeitgeber. Damit wird gewährleistet, dass bei der Arbeit eintretende Schäden nicht zu Lasten der abhängig Beschäftigten gehen. Arbeitgeber können sich dieser Versicherungspflicht generell nicht entziehen, ähnlich der Haftpflichtversicherung beim Auto. Doch damit ist nur der Grundsatz des Versicherungsschutzes festgeschrieben. Nicht jeder Schaden wird auch ersetzt. Besonderheiten und Einschränkungen gibt es immer wieder beim Wegeunfall.

Doch nicht jeder Unfall auf dem Weg von oder zur Arbeit wird als Wegeunfall anerkannt. Erforderlich für die Anerkennung ist der sachliche Zusammenhang der unfallbegründenden Fortbewegung als Vor- und Nachbereitungshandlung der versicherten Tätigkeit. Ein solcher Zusammenhang ist anzunehmen, wenn die Fortbewegung von dem Zweck bestimmt ist, den Ort der Tätigkeit oder nach deren Beendigung im typischen Fall die eigene Wohnung zu erreichen.

Das Handeln des Versicherten muss demnach vor allem der Fortbewegung auf dem Weg zur oder von der Arbeitsstätte dienen. Was man beim Fußweg, beim Fahrrad- oder Autofahren oder beim Benutzen der Bahn durchaus bejahen muss, dass wird bei der Kombination gleichzeitiger Verrichtungen schwierig. Vor allem dann, wenn sich der vor- oder nachdienstliche Weg mit privaten Tätigkeiten vermischt.

In einem Rechtsstreit vor dem Sozialgericht in Frankfurt am Main ging es um einen Wegeunfall, bei dem das Telefonieren mit dem Handy eine wichtige Rolle spielte.
Die beim Unfall verletzte Frau war als Hausdame in einem großen Hotel in Frankfurt beschäftigt. Auf dem Heimweg vom Hotel wurde sie beim Überqueren eines unbeschrankten Bahnübergangs von einer Bahn erfasst. Sie erlitt diverse Verletzungen und musste sich deshalb einer langen stationären Behandlung unterziehen.

Die Berufsgenossenschaft ermittelte die Ursachen zum Unfallhergang. Anhand einer Videoaufzeichnung und von Zeugenaussagen ergab sich eindeutig, dass die Betroffene zum Zeitpunkt des Unfalls mit dem Handy telefoniert hatte. Die Berufsgenossenschaft lehnte es deshalb ab, den Unfall als Wegeunfall anzuerkennen.

Auch das Sozialgericht folgte dieser Auffassung. Zwar ist der Heimweg von der Arbeit grundsätzlich unfallversichert. Versichert ist aber immer nur das typische Wegerisiko. Im speziellen Fall hatte sich diese Tätigkeit aber mit dem Telefonieren vermischt. Da das Telefonat privater Natur war, gilt es als unversicherte Verrichtung. Bei derlei gemischten Tätigkeiten kommt es für eine Anerkennung als Wegeunfall wesentlich darauf an, dass der Gesundheitsschaden durch die versicherte Tätigkeit verursacht worden ist.

Dass ein Handytelefonat wesentlich von anderen Tätigkeiten ablenkt, das ist allgemein bekannt. Da dieses Telefonat durch die damit verbundene Ablenkung beim Unfall im Vordergrund stand, es zudem auch privat motiviert war, musste die Anerkennung als versicherter Wegeunfall versagt bleiben (SG Frankfurt am Main, AZ: S 8 U 207/16). Anders wäre der Fall unter Umständen zu behandeln gewesen, wenn es sich um einen dienstlichen Anruf gehandelt hätte.

5. Behinderung in Schule und Beruf

Verfängliche Botschaften in Stellenanzeigen

Eigentlich sollten die Regeln inzwischen klar sein: Das Allgemeine Gleichheitsgesetz (AGG) präzisiert den in Artikel 3 der Verfassung normierten allgemeinen Gleichheitssatz. Danach ist ohne sachlichen Grund eine Ungleichbehandlung nicht gerechtfertigt. Liest man sich aber mit der nötigen Aufmerksamkeit aktuelle Stellenanzeigen durch, dann muss man am Verständnis dieser allgemeinen Regeln zweifeln.

Dabei wird das gesamte Procedere der Stellensuche, so auch die Formulierung der Stellenanzeigen, heute vielfach schon von Agenturen erledigt. Man sollte erwarten können, dass dort die Einzelheiten zum AGG bekannt sind und das entsprechende Fehler vermieden werden. Denn das AGG verbietet sowohl unmittelbare als auch mittelbare Benachteiligungen. Bei zu viel Nachlässigkeit kann es teuer werden.

Die Schwelle zur Diskriminierung ist schnell überschritten und eröffnet einen Anspruch auf Schadensersatz für die Betroffenen. Dass dabei nicht in erster Linie sogenannte Bewerber-Hopper in Erscheinung treten, sondern wirklich benachteiligte und verärgerte Bewerber, auch das sollte sich inzwischen herumgesprochen haben. Arbeitsgerichtliche Entscheidungen zur Diskriminierung bei Stellenanzeigen gibt es bereits fast so lange wie das AGG alt ist.

Die wichtigsten Ausführungen hierzu muss man heute kennen, um nicht jedes Mal die Gratwanderung zur Haftung zu vollziehen. Die Rechtsprechung vor allem des Bundesarbeitsgerichts (BAG) zu dieser Thematik ist für alle Schöpfer von Stellenanzeigen Pflicht.

So sind Begriffe wie „frisch gebackener Absolvent", „Berufseinsteiger" oder auch „Young Professional" durchaus verfänglich, nehmen sie doch deutlich Bezug auf das Alter der Bewerber. Es genügt, dass der Grund nach § 1 AGG mit ursächlich für die Diskriminierung ist. Er muss nicht das alleinige Motiv oder gar das Hauptmotiv darstellen (so auch BAG, AZ: 8 AZR 454/15 und BAG, AZ: 8 AZR 406/14). Den Argumenten dieser Entscheidungen folgend, sollte man sich möglichst auch den Hinweis auf das „junge dynamische Team" und auf die gute „KITA-Infrastruktur" verkneifen.

Dabei ist das Alter nur eine von vielen Stolperfallen, die bei der Formulierung von Stellenanzeigen zu umgehen sind. Bekanntlich definiert das AGG daneben auch noch die ethnische Herkunft, das Geschlecht, die Religion, die Behinderung und die sexuelle Identität als Schutzgüter.

So ist es gerade auch die ethnische Herkunft, die bei der saloppen Suche nach einem oder einer „Muttersprachler/in" ins Visier benachteiligter Kandidaten gerät.
Die Muttersprache steht generell in einem engen Zusammenhang zur ethnischen Herkunft. Man lernt die eigene Muttersprache nicht in der Schule, sondern ohne formalen Unterricht von den Eltern oder anderen Bezugspersonen. Die Muttersprache variiert also je nach der ethnischen Her-

kunft und auch nach der Staatsangehörigkeit (so LAG Hessen, AZ: 16 SA 1619/14).

Dabei ist das AGG nicht die einzige rote Ampel bei der Formulierung von Stellenanzeigen.
Nach § 164 Abs.1 SGB IX sind Arbeitgeber verpflichtet, ihre Stellenangebote insbesondere mit der Agentur für Arbeit insoweit abzugleichen, ob die Vakanzen mit arbeitslos oder arbeitssuchend gemeldeten schwerbehinderten Menschen besetzt werden können. Diese Verpflichtung gilt völlig unabhängig davon, ob das Unternehmen gemäß § 164 SGB IX einer Pflichtquote zur Beschäftigung Schwerbehinderter unterliegt oder diese bereits erfüllt. Das alleinige Einstellen von Stellenanzeigen in das Jobportal der Arbeitsagentur genügt dieser Pflicht nicht (LAG Berlin-Brandenburg AZ: 26 TaBV 1164/13). Umgeht der Arbeitgeber das Ganze und versucht er, die freie Stelle allein über den Arbeitsmarkt zu besetzen, verstößt er gegen seine Pflichten aus § 164 Abs. 1 SGB IX. Allein dieser Umstand genügt, um wegen Benachteiligung auf Schadensersatz verklagt zu werden.

Doch damit ist dem Umstand der Schwerbehinderung bei den Stellenanzeigen auch noch nicht abschließend Rechnung getragen. So muss es generell unterbleiben, in Stellenanzeigen bestimmte Anforderungen an körperliche oder gesundheitliche Merkmale zu stellen, wenn dies für den konkreten Arbeitsplatz nicht zwingend erforderlich ist. Auch hier lauert die Haftungsfalle, die das AGG bei Missachtung seiner Regeln zur Diskriminierung aufstellt.

Behinderung als Handicap in der Arbeitswelt

Wir sind ein moderner Staat. Niemand darf benachteiligt werden, so steht es in Artikel 3 des Grundgesetzes geschrieben. Das verspricht Chancengleichheit von Geburt an, auch für Menschen mit Handicap. Mehr noch: Die UN-Konvention zur Wahrung der Rechte behinderter Menschen aus dem Jahre 2009 ist auch von Deutschland ratifiziert worden. Damit haben die dort formulierten Grundsätze auch bei uns den Rang rechtlich verbindlicher Normen erlangt. Das mag überraschen, wenn man einen Blick auf die Arbeitsmarktsituation behinderter Menschen wirft. Wie ist es bestellt, um die Chancen mit Handicap?

Nur jeder dritte Erwerbsfähige mit Handicap findet eine betriebliche Eingliederung. Da hilft bisher auch nicht die Integrationsquote, die Betriebe zur Einstellung behinderter Mitarbeiter verpflichten will. Denn die Zahlung der Ausgleichsabgabe, als "Strafe" für die Nichterfüllung einer Beschäftigungs-Quote, tut in der Regel nicht weh. Ohnehin sind die jährlichen Meldungen als sogenannte Eigenanzeige durchaus manipulierbar. Wenn stattdessen Aufträge an Werkstätten für behinderte Menschen vergeben werden, wird die "Strafe" halbiert und kann auch noch weiter sinken. Die Ausgliederung in eine parallele Arbeitswelt ohne Mindestlohn und ohne reale Chancen auf ein selbstbestimmtes Leben wird damit letzten Endes sogar gefördert.

Ein großes Hemmnis sind immer noch die vielen Vorbehalte. Dabei ist aber oft auch mangelnde Sachkenntnis im Spiel. Die sogenannte "Unkündbarkeit" von Schwerbehinderten, die Arbeitgeber so fürchten, gibt es überhaupt nicht. Der besondere Kündigungsschutz soll lediglich mit der

Einschaltung des Integrationsamtes verhindern, dass die Behinderung Grund einer Kündigung ist. Bei Leistungsmängeln und anderen Gründen steht auch hier einer Kündigung nichts im Wege.

Die sonstigen gesetzlichen Nachteilsausgleiche sind eigentlich nicht geeignet, Arbeitgeber grundsätzlich zu verschrecken. Dort gibt es Maßnahmen und Leistungen zur Gleichstellung, die vor allem die Einrichtung spezieller Arbeitsplätze unterstützen. Zugegeben, der Papierkram hierzu ist lästig, aber die Leistungen lassen sich einfordern. Der Zusatzurlaub von 5 Tagen bei einer 5-Tage-Arbeitswoche ist wohl kein wirkliches Hemmnis, um Menschen mit Handicap als Mitarbeiter einzustellen.

Die mangelnde Beschäftigungsbereitschaft hat ihre wirklichen Gründe in den negativen Einstellungsvorbehalten. Es bestehen erhebliche Bedenken innerhalb der Gesellschaft bezüglich der Leistungsfähigkeit von Menschen mit Behinderungen. Es herrscht noch immer das stereotype Bild der Gebrechlichkeit, soweit man an Behinderung denkt. Damit werden Krankheit und Fehlzeiten assoziiert, die Barriere wird für Bewerber kaum überwindbar.

Ein weiterer Grund für die offenkundige Benachteiligung am Arbeitsmarkt ist die mangelhafte Schulausbildung. Die Behinderungen werden während der Schulzeit in Förderschwerpunkte aufgeteilt. Einige dieser Förderschwerpunkte beinhalten von vornherein keinen Schulabschluss als Bildungsziel. Andere behinderte Kinder versinken im System von Mangel und Provisorien. Am Ende verlassen zwei Drittel aller Förderschüler die Institution Schule ohne Abschluss und verlieren sich danach zwangsläufig in Lebenswegen, die ohne staatliche Hilfe nicht mehr möglich sind.

Hier liegt wohl das eigentliche Problem andauernder Benachteiligung. Eine Bildung ohne Einteilungen in Kategorien von Beginn an, Erfolgsverpflichtungen auch für das Lehrpersonal und zeitgemäße Ausstattungen aller Bildungseinrichtungen, ließen uns als Gesellschaft die Denkbarrieren wohl endlich überwinden. Dann wären die Übergänge in Ausbildungen wesentlich häufiger und leichter, weil wachsende Selbstverständlichkeit auch Betriebe zur Schaffung entsprechender Ausbildungsplätze anhalten würde.

Erste gute Ansätze gibt es bereits. Allerdings muss auch dabei der allumfassende Gedanke der Inklusion angemahnt werden. Die Bevorzugung bestimmter Gruppen von Behinderten ist ebenso ungeeignet, die Ungleichgewichte am Arbeitsmarkt zu beseitigen, wie die Zusammenfassung von Behinderten in speziellen Einrichtungen. Wenn wir damit beginnen, allen Kindern von Beginn an die gleichen Chancen zu geben, dann setzt sich die Chancengleichheit auch am Arbeitsmarkt fort. Erst dann werden wir dem Anspruch gerecht, den wir uns mit Artikel 3 des Grundgesetzes selbst auferlegt haben.

Ansprüche und Schutz bei einer Behinderung

Menschen mit Behinderung genießen in unserer Gesellschaft einen besonderen Schutz. Nicht nur in der Arbeitswelt. Schutz und Ansprüche dienen vor allem dem Nachteilsausgleich gegenüber nichtbehinderten Menschen. Damit soll die Teilhabe an allen Lebensbereichen ermöglicht werden.

Das gelingt noch nicht immer umfassend und auch viele Betroffene selbst verzichten aus Scham oder Unwissenheit auf ihre Rechte. Denn diese gibt es in vielen Fällen nur auf entsprechenden Antrag hin. Um einen solchen zu stellen, bedarf es aber des Wissens um die eigene Behinderung. Da fangen die Probleme meist schon an.

Wer zur Gruppe der Menschen mit Behinderung zu zählen ist, wird exemplarisch in Artikel 1 Satz 2 der Behindertenrechtskonvention der Vereinten Nationen festgehalten: Menschen die langfristige körperliche, seelische, geistige oder Sinnesbeeinträchtigungen haben, welche sie in Wechselwirkung mit verschiedenen Barrieren an der vollen, wirksamen und gleichberechtigten Teilhabe an der Gesellschaft hindern können.

Das Sozialgesetzbuch, das die Ansprüche der Betroffenen in Deutschland regelt, formuliert das Ganze in § 2 SGB IX etwas eingeschränkter: Danach gilt als behindert, wessen Gesundheit mit hoher Wahrscheinlichkeit länger als sechs Monate von dem für das Lebensalter typischen Zustand abweicht und daher die Teilhabe am Leben in der Gesellschaft beeinträchtigt.

Doch Behinderung ist dabei nicht gleich Behinderung. Vielmehr gibt es hier prozentuale Staffelungen, wobei der Grad der Behinderung maßgeblich ist. Diese Einteilung vollzieht sich in Zehnerschritten und kann dabei auch länger anhaltende Krankheiten umfassen, die wie eine Behinderung wirken. Schon ab einer Beeinträchtigung von 30 Prozent kann die Gleichstellung mit schwerbehinderten Menschen beantragt werden. Diese zielt auf einen noch umfassenderen Schutz ab, der sonst erst bei 50 Prozent Beeinträchtigung beginnt.

Nachdem das Bundesteilhabegesetz in Kraft trat, ist der Kündigungsschutz für schwerbehinderte Arbeitnehmer deutlich erweitert worden und damit auch der Aufwand für die Kündigungsverfahren in der Praxis. Danach muss der Arbeitgeber nun mindestens drei Verfahren vor Ausspruch einer Kündigung durchführen: Die ordnungsgemäße Anhörung des Betriebsrats, die ordnungsgemäße Anhörung der Schwerbehindertenvertretung und das Einholen der Zustimmung des Integrationsamtes. Tut er das nicht, bleibt die Kündigung unwirksam. Darüber hinaus haben schwerbehinderte Arbeitnehmer einen Anspruch auf Zusatzurlaub von 5 Arbeitstagen im Jahr. Auch bei der Altersrente gibt es Erleichterungen hinsichtlich der Möglichkeit eines vorzeitigen Eintritts. Allerdings müssen hierbei die Beitragsjahre beachtet werden, um Abschläge zu vermeiden.

Auch bei der Einkommenssteuer spielt der Grad der Behinderung eine wesentliche Rolle. Über die Pauschalbeträge verringert sich die Bemessungsgrundlage der Einkommensteuer von mehreren hundert bis zu vielen tausend Euro. Neben der Behinderung ist auch die Zuerkennung einzelner Merkzeichen für die Betroffenen von erheblicher Bedeutung: So ermöglichen die Merkzeichen G, aG, B und H die unentgeltliche Beförderung im öffentlichen Nahverkehr und die Befreiung von der Kfz-Steuer. Das Merkzeichen Bl führt daneben noch zur Befreiung von der Rundfunkgebührenpflicht, ebenso die Merkzeichen Gl und RF. Das alles ist nur ein Auszug möglicher Ansprüche und einschlägiger Schutzvorschriften. Die Inanspruchnahme bedarf immer genauer Abklärung der jeweiligen Beeinträchtigung. Auf der anderen Seite bedarf es aber auch der Kenntnis aller Beteiligten von der Behinderung. Ansonsten können die Schutzmechanismen nicht ihre gewollte Wirkung erzielen.

Schwerbehinderung und Recht zur Lüge

In der Regel hat die Lüge kurze Beine, das weiß schon ein altes Sprichwort
Trotzdem wird gerade im Arbeitsverhältnis dem Chef so manche Lüge aufgetischt. Das fängt bereits bei der Bewerbung an. Da wird der Lebenslauf nach Anforderungskriterien optimiert. Nachfragen festigen die Lüge, ohne auch nur ansatzweise rot zu werden. Das kann ernste Konsequenzen haben, bis hin zur fristlosen Kündigung auch noch nach Jahren.

Doch nicht jede Unwahrheit ist sanktioniert
Bestimmte Fragen berühren das Persönlichkeitsrecht derart, dass die Lüge sogar erlaubt sein muss. So ist beispielsweise niemand gezwungen, seine Schwangerschaft zu offenbaren, ebensowenig wie eine Schwerbehinderung. Fragen danach rechtfertigen eine Lüge als Antwort.
Bleibt die Angabe der Schwerbehinderung also bei der Bewerbung aus oder wird sie auf Anfrage klar verneint, verliert der Betroffene auch das Recht, später Schadensersatz

wegen einer Diskriminierung zu fordern. Geht die Behinderung nicht aus der Bewerbung hervor, kann es auch keine Diskriminierung durch den Arbeitgeber wegen einer solchen geben.

Doch damit nicht genug:
Gerade Schwangerschaft und auch Schwerbehinderung eröffnen darüber hinaus einen besonderen Schutz im Arbeitsverhältnis. Hierfür ist es aber erforderlich, dass der Chef positive Kenntnis davon hat. Sonst kann er schließlich keine Maßnahmen zum Schutz ergreifen.

Die Frage des Arbeitgebers nach dem Vorliegen einer Schwerbehinderung soll nach Auffassung des Bundesarbeitsgerichts dann zulässig sein, sobald nach sechs Monaten Beschäftigung der Behindertenschutz gemäß §§ 85 ff. SGB IX eingetreten ist (BAG 6 AZR 553/10). Begründet wird das damit, dass der Arbeitgeber in Vorbereitung möglicher Kündigungen in der Lage sein muss, den besonderen Schutz der Schwerbehinderten von vornherein mit in Betracht zu ziehen. Eine Pflicht zur Offenbarung erwächst hieraus aber nicht.

Der Kündigungsschutz für schwerbehinderte Arbeitnehmer verlangt einen erheblichen Aufwand in der Praxis. Beachtet der Arbeitgeber die Verfahrensschritte nicht vollumfänglich, bleibt die Kündigung unwirksam.

Allerdings setzt das die positive Kenntnis der Schwerbehinderung auf Seiten des Arbeitgebers voraus
Es kann also keinen Sonderkündigungsschutz für die Betroffenen geben, wenn zur Zeit der Kündigung die Schwerbehinderteneigenschaft nicht nachgewiesen ist. Wer

bis dahin von seinem Recht zur Lüge Gebrauch gemacht hat, der muss sich jetzt beeilen. Noch ist nicht alles verloren, will man vom besonderen Kündigungsschutz profitieren.

Bekanntlich gibt es die Dreiwochenfrist nach § 4 Satz 1 Kündigungsschutzgesetz (KSchG), in der eine Kündigung vor dem Arbeitsgericht angefochten werden kann. Innerhalb dieser Frist lässt sich nun auch letztmalig die Auskunft über eine bestehende Schwerbehinderung nachholen. Wer weiterhin nicht aus der Deckung kommt und seine Schwerbehinderung offenbart, verzichtet wissentlich auf den besonderen Schutz.

Das Recht zur Lüge ist also im Falle der Schwerbehinderung immer auch ein zweischneidiges Schwert. Der garantierte Schutz des persönlichen Geheimnisbereichs kann im Umkehrschluss zum Leerlauf garantierter Schutzrechte werden.

Einen interessanten Streitfall zu dieser Thematik hatte das Bundesarbeitsgericht (BAG) bereits vor einigen Jahren zu entscheiden:
Ein Arbeitgeber wollte seinem Arbeitnehmer kündigen. Bevor diesem jedoch die Kündigung zugestellt worden ist, stellte der Arbeitnehmer Antrag auf Anerkennung seiner Schwerbehinderteneigenschaft beim zuständigen Versorgungsamt. Dieser Antrag war, als die Kündigung erfolgte, noch nicht entschieden. Dem Arbeitgeber war weder der Antrag beim Versorgungsamt noch die Schwerbehinderung bekannt. Alleine, dass der Bescheid beim Versorgungsamt gestellt wurde, reicht jedoch aus, damit dem Arbeitnehmer ein Sonderkündigungsschutz nach den §§ 85 ff. SGB IX zu-

steht. Selbst dann, wenn die vorherige Kenntnis der Schwerbehinderteneigenschaft oder der Antragstellung beim Arbeitgeber fehlt (BAG, 2 AZR 659/08).

Dieses Recht, sich nachträglich auf eine Schwerbehinderung zu berufen und die Zustimmungsbedürftigkeit der Kündigung umfassend geltend zu machen, unterliegt jedoch der Verwirkung nach § 242 BGB. Als Maßstab gilt die dreiwöchige Frist des § 4 Satz 1 Kündigungsschutzgesetz (KSchG). Der Zeitraum ist nach Meinung des obersten deutschen Arbeitsgerichts hierbei allerdings weniger eng auszulegen (BAG, 2 AZR 700/15).

Arbeitgeberfalle: Nachträglich schwerbehindert

Arbeitnehmer gelten als schwerbehindert und sind mit besonderen Rechten ausgestattet, soweit ihnen ein Behinderungsgrad von mindestens 50 attestiert ist. Ebensolchen Schutz können Arbeitnehmer erlangen, die über einen Behinderungsgrad von mindestens 30 verfügen und eine Gleichstellung erwirken. Hiernach gelten auch diese Beschäftigten als schwerbehindert.

Neben einem erweiterten Urlaubsanspruch erstreckt sich der Schutz für die schwerbehinderten Arbeitnehmer vor allem auf den Bereich der Kündigungen. Hier haben Arbeitgeber vorab ein genau definiertes Procedere zu durchlaufen. Fehlt es daran, dann ist die jeweilige Kündigung komplett unwirksam. Das gilt im Übrigen auch völlig unabhängig von der Größe des Betriebes. Das Integrationsamt ist bei jeder geplanten Kündigung vorab einzuschalten.

Als informierter Arbeitgeber kann man sich an diese Vorgaben natürlich halten, um keine bösen Überraschungen zu erleben. Doch das erfordert auch eine positive Kenntnis der Schwerbehinderung des jeweiligen Beschäftigten. Bekanntlich sind schwerbehinderte Kandidaten nicht verpflichtet, sich bei Bewerbung oder Einstellung zu offenbaren. Hier besitzen sie ein Recht zum Schweigen. Zumindest insoweit, als die Schwerbehinderung keine direkten Auswirkungen auf die Leistungen im Job hat.

Doch diese Unkenntnis über die Schwerbehinderung schützt den Arbeitgeber nicht. Andererseits besteht der volle Schutz auf Seiten des schwerbehinderten Mitarbeiters. Selbst dann, wenn Anerkennung oder Gleichstellung der Schwerbehinderung noch ausstehen. Eine bereits eingeleitete Kündigung, ohne Beachtung der unbekannten Schwerbehinderteneigenschaft, muss demnach schwebend unwirksam bleiben. Allerdings gilt dann für die nachträgliche Information des Arbeitgebers auch eine kurze Frist. Innerhalb von 3 Wochen ab Zugang der Kündigung ist ein entsprechender Nachweis zu erbringen.

Einen dementsprechenden Streitfall hatte das Bundesarbeitsgericht (BAG) zu entscheiden: Ein Arbeitgeber wollte seinem Arbeitnehmer kündigen. Bevor diesem jedoch die Kündigung zugestellt worden ist, stellte der Arbeitnehmer Antrag auf Anerkennung seiner Schwerbehinderteneigenschaft beim zuständigen Versorgungsamt. Dieser Antrag war, als die Kündigung erfolgte, noch nicht entschieden. Dem Arbeitgeber war weder der Antrag beim Versorgungsamt noch die Schwerbehinderung bekannt. Alleine, dass der Bescheid beim Versorgungsamt gestellt wurde, reicht jedoch aus, damit dem Arbeitnehmer ein Sonderkündigungsschutz nach den §§ 85 ff. SGB IX zusteht. Selbst dann, wenn die vorherige Kenntnis der Schwerbehinderteneigenschaft oder der Antragstellung beim Arbeitgeber fehlt (BAG, 2 AZR 659/08).

Dieses Recht, sich nachträglich auf eine Schwerbehinderung zu berufen und die Zustimmungsbedürftigkeit der Kündigung umfassend geltend zu machen, unterliegt jedoch der Verwirkung nach § 242 BGB. Als Maßstab gilt die dreiwöchige Frist des § 4 Satz 1 Kündigungsschutzgesetz (KSchG). Der Zeitraum ist nach Meinung des obersten deutschen Arbeitsgerichts hierbei allerdings weniger eng auszulegen (BAG, 2 AZR 700/15).

Wenn die Schulform zum Chancenkiller wird

Die Schulbildung und der dabei erreichte Schulabschluss sind entscheidend für die beruflichen Chancen in der Zukunft. Was wie eine Binsenweisheit klingt, das wird immer öfter zu einem harten Kampf um die begehrten Plätze. Die Wahl der Schulform ist heute ein wichtiges Kriterium bei der Sicherung der besten Chancen. Wer hier auf der Strecke bleibt, der hat es zunehmend schwerer, berufliche Ziele verwirklichen zu können.

Dabei ist der freie Zugang zu allen Schulformen gesetzlich garantiert. Benachteiligungen darf es auf diesem Gebiet nicht geben. Doch grau ist alle Theorie, sobald sie auf die Wirklichkeit trifft. Die Plätze in Gymnasien und anderen begehrten Schulen sind begrenzt. Oft entscheidet die Reihenfolge bei der Anmeldung über Einlass oder Verweigerung. In manchen Gegenden wird das sogar ausgelost. Gerechtigkeit beim Zugang zu allen Möglichkeiten der Bildung sieht sicher anders aus.

Noch krasser wirken Entscheidungen über die Schulform nach, die schon bei den berühmt- berüchtigten Eingangsuntersuchungen getroffen werden. Relevant wird die hier gegebene Empfehlung für die Schullaufbahn in erster Linie bei Kindern mit Behinderungen. Der sogenannte sonderpädagogische Förderbedarf, der bei der Untersuchung festgestellt wird, dient als verlässlicher Indikator für die letztlich besuchte Schulform.

Zwar steht es den Eltern frei, für ihre Kinder auch eine integrative oder gar inklusive Regelschule auszuwählen. Doch auch dieser Wunsch scheitert oft an der Wirklichkeit. Inklusive Schule ist inzwischen für viele Lehrer und auch Eltern zum Fantasiegebilde der Zukunft verkommen. Trotz internationaler Konvention und der Verpflichtung zur verbindlichen Rechtsumsetzung auch in Deutschland.

Ohnehin ist selbst bei Ergattern eines Regel-Schul-Platzes für die meisten Behinderten nach der Grundschulphase Schluss. Hiernach geht es überwiegend nur noch in den Förderzentren weiter. Nicht gerade die besten Aussichten für spätere berufliche Chancen. Für tausende Kinder vollzieht sich dieser Weg alljährlich und er wird zur Einbahnstraße. Das, obwohl in den Schulgesetzen ausdrücklich die regelmäßige Überprüfung des Förderbedarfs geregelt ist. Die Zahl derer, die den Stempel des sonderpädagogischen Förderschülers wieder abstreifen können ist verschwindend gering. Die Chancengleichheit wird für diese Kinder damit auf nahezu Null reduziert.

Doch das ist ein glatter Verstoß gegen geltendes Recht, der nicht ohne Folgen bleiben darf. So entschied auch das Landgericht Köln im Falle eines inzwischen der Schulpflicht entwachsenen Betroffenen (LG Köln, AZ: 5 O 182/16). Dieser musste seine Schulzeit an einer Förderschule für geistige Entwicklung verbringen, obwohl es Anzeichen dafür gab, dass er auch auf einer Hauptschule hätte erfolgreich sein können. Sogar selbst regte er als Schüler die Aufhebung seines vermeintlichen Förderbedarfs an. Da die gesetzlich vorgeschriebene Überprüfung dennoch nicht stattfand, ihm mithin auch alle Chancen auf eine zeitnahe Ausbildung verwehrt wurden, forderte er Schadensersatz vom Land.

Das Gericht gab ihm Recht. Soweit die gesetzlich geregelte Überprüfung des Förderbedarfs nicht regelmäßig stattfindet, macht sich das jeweilige Bundesland wegen Amtspflichtverletzung schadensersatzpflichtig. Dabei können neben einem prognostizierten Verdienstausfall auch Ansprüche auf Schmerzensgeld die Höhe des Ausgleichs bestimmen. Wäre der Wegfall des Förderbedarfs festgestellt worden, hätte der Betroffene auf eine Regelschule wechseln und dort einen Abschluss machen können.

Der staatliche Eingriff in die Chancengleichheit muss also ständiger Überprüfung unterliegen. Eine einmal getroffene Entscheidung darf den Nachteil für das Kind nicht für alle Zeit zementieren. Diese Entscheidung sollte so manches Bildungsressorts in den Ländern aufhorchen lassen. Von einem krassen Einzelfall zu sprechen, wäre wohl mehr als blauäugig.

Vor allem sollte man sich in allen Bildungsressorts schnellstens daran machen, Inklusion im Schulbetrieb endlich als das umzusetzen, was der Grundgedanke und das geltende Recht schon seit Jahren verlangen. Rund 330.000 Kinder besuchten zuletzt eine Förderschule - Tendenz wieder steigend. Dabei ist bereits das Verfahren zur Feststellung des sonderpädagogischen Förderbedarfs unvereinbar mit der UN-Behindertenrechtskonvention und dem Recht des Kindes auf inklusive Bildung. Eine immer kleinteiligere Separation führt in ihrer Folge zur Verfestigung einer schulischen Parallelwelt, die sich auch im weiteren Leben der Betroffenen fortsetzt. Die leidigen Förderschwerpunkte orientieren sich vornehmlich am vorhandenen System der Förderzentren. Was dort nicht passt, das wird nicht selten auch noch passend entschieden. Traditionelles sonderpädagogisches Denken und das medizinische Modell von Behinderung sind weiterhin dominant. Danach ist immer das Kind das Problem und nicht die fehlende Anpassungsfähigkeit des Systems an das Kind. So werden von vornherein Entwicklungswege aktiv behindert und Chancen begrenzt.

Während der Corona-Pandemie kam es zu massenhaften Schulschließungen in ganz Deutschland. Die Bildungsverwaltungen der Länder waren damit aber auch schon am Ende ihres Lateins. Die sonst so betonte Unabdingbarkeit schulischer Bildung war plötzlich zur Nebensache mutiert. Mehr noch: Das hochentwickelte Deutschland hatte es nicht ermöglicht, den Schulbetrieb digital weiter aufrecht zu erhalten. Von derlei Möglichkeiten ist man vielerorts Lichtjahre entfernt.

Was Gymnasiasten und Sekundarschüler dann mit Eigeninitiativen und den Möglichkeiten des Internet einigermaßen in den Griff bekamen, versagte in vielen Haupt- und Grundschulen nicht nur an den fehlenden Voraussetzungen. Oft war auch das zielgerichtete Engagement ein Totalausfall. Erst recht machte sich dieses Chaos im Bereich der Förderschulen bemerkbar. Die als besonders förderwürdig eingestufte Klientel war von heute auf morgen vom Bildungsbetrieb abgeschnitten.

Auf die Schulschließungen hat das Bundesverfassungsgericht inzwischen sehr deutlich reagiert und Grundsätzliches zu den Verfügbarkeiten von Bildungsangeboten betont (BVerfG, Entscheidung vom 21.November 2021, AZ: 1 BvR 971/21, 1069/21).

Die Schulbildung, so das Bundesverfassungsgericht, ist neben der elterlichen Pflege und Fürsorge eine Grundbedingung dafür, dass sich Kinder und Jugendliche zu einer eigenverantwortlichen Persönlichkeit in der sozialen Gemeinschaft entwickeln können. Auch bei notwendigen, unumgänglichen Schulschließungen haben Kinder und Jugendliche aber einen Anspruch auf Durchführung von Distanzunterricht als einklagbares unverzichtbares Minimum schulischer Bildung. Dazu bedarf es zukünftig deutlich stärkerer Anstrengungen, vor allem bei der Digitalisierung.

Gleichzeitig erkennt das Bundesverfassungsgericht ein Recht auf gleichen Zugang zu schulischer Bildung an. Dieses sieht es als verletzt, wenn bestehende Zugangsvoraussetzungen willkürlich oder diskriminierend ausgestaltet oder angewendet werden. Das Bundesverfassungsgericht verweist dabei auf Art. 24 Abs. 2 UN-BRK und stellt fest, dass diese Regelung eine Diskriminierung behinderter Menschen beim Zugang zur Schule verbietet. Es sind angemessene Vorkehrungen zu treffen, um behinderten Menschen den Zugang zur Schule zu ermöglichen.

Schattenwirtschaft statt Inklusion

Am 03. Dezember wird alle Jahre wieder weltweit der Internationale Tag der Menschen mit Behinderung begangen, um an die gesamtgesellschaftliche Verpflichtung zur Verwirklichung der Inklusion zu erinnern. Zwar wird der Begriff der Inklusion in den letzten Jahren geradezu inflationär gebraucht, doch der Thematik wird das gesellschaftliche Handeln nur selten gerecht.

Im Zusammenhang mit der Einführung des gesetzlichen Mindestlohns war oft von der Schattenwirtschaft die Rede. Auch wenn dabei vornehmlich die Schwarzarbeit gemeint war, ist der Sektor der sogenannten Schattenwirtschaft erheblich größer. Ein wesentlicher Bestandteil im legalen Bereich sind auch die Werkstätten für behinderte Menschen. Erstaunlicherweise wurde in Bezug zu dieser Thematik die Einführung des Mindestlohnes nicht wirklich ernsthaft diskutiert. Das ist aber nicht die einzige Auffälligkeit, die dieser Bereich offenbart. Ein Aufschrei der Entrüstung ist weder aus Gewerkschaftskreisen, noch aus der Politik, noch aus der breiten Öffentlichkeit zu vernehmen gewesen. Die Werkstätten erscheinen vielmehr wie eine Parallelwelt, für die sich nur wenige wirklich interessieren.

Dabei ist die Größenordnung des Sektors beachtlich. Bundesweit arbeiten dort rund 300.000 Menschen. Sowohl die Zahl der Werkstätten als auch die Zahl der dort Beschäftigten und die dafür eingesetzten öffentlichen Mittel nehmen seit Jahren zu. Inzwischen gibt es bundesweit über 700 derartige Einrichtungen mit knapp 3.000 Betriebsstätten.

Die Werkstätten haben die gesetzliche Aufgabe, denjenigen einen Arbeitsplatz zu bieten, die nicht, noch nicht oder noch nicht wieder auf dem allgemeinen Arbeitsmarkt tätig sein können. Sie sollen den Übergang behinderter Menschen auf den allgemeinen Arbeitsmarkt durch geeignete Maßnahmen fördern. Außerdem sollen die Werkstätten nach wirtschaftlichen Grundsätzen geführt werden und den dort Beschäftigten ein ihrer Leistung angemessenes Entgelt zahlen. Dies beinhaltet, dass die Werkstätten auch Kunden werben und zufrieden stellen müssen, um ihre Rentabilität zu gewährleisten. So formuliert es das Sozialgesetzbuch. Doch die Realität bietet ein anderes Bild. Die Vermittlungsquote in den ersten Arbeitsmarkt liegt seit Jahren deutlich unter 1 Prozent. Die ausbezahlten Löhne bewegen sich in der Höhe eines Taschengeldes. Während in Bayern derzeit rund 260 Euro pro Monat als Verdienst pro Kopf ausgewiesen werden, sind es in Sachsen 100 Euro weniger. Davon haben die Empfänger aber noch diverse Kosten zu bestreiten. Aufstockung ist also an der Tagesordnung.

Sind die behinderten Menschen dort einmal untergebracht, ist von weiterer Förderung zur Aufnahme einer Erwerbstätigkeit im ersten Arbeitsmarkt auch nicht mehr viel zu spüren. Eine individuelle Förderung innerhalb der Werkstätten ist oft nicht einmal ansatzweise vorgesehen, stattdessen dienen die Werkstätten als willkommen günstiger Dienstleister für die Wirtschaft. Eine Firma, die einzelne Tätigkeiten durch eine Werkstatt behinderter Menschen erledigen lässt, kann dies mit der eigentlich fälligen Ausgleichsabgabe verrechnen. Die Ausgleichsabgabe, die gezahlt werden muss, wenn die Unternehmen selbst keine Behinderten einstellen, kann auf diese Weise um bis zu 50 Prozent reduziert werden. Als Doppeleffekt bieten die Werkstätten ihre Leistungen auch noch zu unschlagbar günstigen Konditionen an, so dass Produkte und Dienstleistungen dort zu Dumpingpreisen zu haben sind. Die Werkstätten sind damit durchaus florierende Wirtschaftsunternehmen, die am Abbau ihrer Leistungsträger natürlich wenig Interesse haben. Vom Mindestlohn ganz zu schweigen. Dabei wird nachweislich täglich ergebnisorientierte Leistung abgefordert und auch erbracht.

Mit staatlicher Duldung wird dieser Bereich vor den Regeln des Marktes geschützt, obwohl kräftig an ihm verdient wird. Das Nachsehen haben behinderte Menschen, denen noch nicht einmal die Freizügigkeit zugestanden wird, sich ihren Arbeitgeber selbst zu suchen. Aufstockung und Armut bestimmen stattdessen ihren Lebensweg. Auch deshalb steht dieses Werkstatt-System in der Kritik. Parallelwelten für behinderte Menschen sollten seit der UN-Behindertenrechtskonvention längst der Vergangenheit angehören. Deutschland ist davon bisher noch sehr weit entfernt. Auch aus menschenrechtlicher Perspektive ist das System der Werkstätten sehr bedenklich. Menschen mit Behinderungen arbeiten dort in einer Art Sonderwelt, isoliert von Menschen ohne Behinderung. Oft bleibt ihnen auch gar keine andere Wahl, weil schon die schulischen Bildungsangebote ausnahmslos auf späteren Werkstatt-Zugang fokussiert sind. Schon dort wird keine Inklusion in dem Sinne betrieben, dass jedes Kind ergebnisoffen Bildung erfahren darf. So fehlen später oft Abschlüsse und damit Ausbildungsalternativen. Der Weg in eine Werkstatt bleibt die einzige Möglichkeit der Beschäftigung. Doch damit werden auch lebenslange Abhängigkeiten geschaffen.

Doch der Druck hin zu Veränderungen nimmt immer mehr zu. Vor allem der Einfluss europäischen Rechts macht sich bemerkbar. Sich dieser Entwicklung zu entziehen, gelingt nun auch in Deutschland immer weniger.

Vor diesem Hintergrund hat das Bundesministerium für Arbeit und Soziales im August 2020 eine Arbeitsgemeinschaft initiiert, die sich mit Möglichkeiten zur Weiterentwicklung oder Neugestaltung des Entgeltsystems in Werkstätten für behinderte Menschen auseinandersetzt und entsprechende Vorschläge unterbreitet. Dabei kann dieses Vorhaben, das bis Ende 2023 terminiert ist, lediglich ein erster Schritt zur Neuordnung dieser fast vergessen Welt der Werkstätten sein. Zeitlich eng folgend muss ein Konzept entwickelt werden, wie diese Sonderstruktur fließend in einem inklusiv gestalteten Arbeitsmarkt aufgehen könnte. Solange Menschen mit Behinderungen in gesonderten Werkstätten arbeiten müssen, weil sie auf dem allgemeinen Arbeitsmarkt keine Chancen haben, kann von einer Verwirklichung der Inklusion keine Rede sein. Zu einer solchen in umfassendem Maße aber ist Deutschland seit langem schon verpflichtet.

Der 3. Dezember soll alljährlich daran erinnern, dass es für die Verwirklichung des Grundgedankens der Inklusion mehr braucht als Sonntagsreden und wohlfeile Spenden zum Jahresende.

Down-Syndrom und verpasste Chancen

Immer am 21.03. wird die Thematik des Down-Syndroms auf der ganzen Welt mit Veranstaltungen ins öffentliche Bewusstsein gerückt. Das charakteristische Merkmal dieser Menschen ist das dreifache Vorhandensein des 21. Chromosoms. Der Fachbegriff dieser Besonderheit lautet demnach Trisomie 21.

Alle weiteren (vermeintlichen) Charakteristika, die mit dem Down-Syndrom in Verbindung gebracht werden, kommen mehr oder minder häufig vor. Trotzdem werden Menschen mit Down-Syndrom bis heute stigmatisiert. Das geht soweit, dass die Pränataldiagnostik es sogar ermöglicht, Kinder mit Down-Syndrom noch kurz vor der Geburt im Mutterleib zu töten.

Insofern unterscheidet sich diese Form der Aussonderung auch in keinster Weise von der Hospitalisierung oder gar Vernichtung sog. „unwerten Lebens" in der Vergangenheit. Was im Übrigen schon immer im Falle des Down-Syndroms auch zuerst an Äußerlichkeiten festgemacht wird. Doch wer kann schon lebenslange Unversehrtheit und zukünftigen Intellekt bei einem Embryo vorherbestimmen? Inzwischen sehen sich werdende Eltern mittels veralteter Auffassungen zu diesem Thema in Angst und Schrecken versetzt. Die Aufklärung hierzu wirkt oft oberflächlich und unprofessionell. Deshalb ist es kaum verwunderlich, dass mehr als 90 Prozent aller Frauen beim Verdacht, ihre Frucht könnte das Down-Syndrom haben, eine Abtreibung veranlassen.

Doch damit hat die Aussonderung noch nicht ihr Ende gefunden. Schließlich schaffen es immer noch einige dieser Kinder auf die Welt. Soweit Familien und nahe Angehörige den neuen Erdenbürgern ohne Vorurteile begegnen, sind die ersten Lebensjahre ein überwiegend freudiges Erlebnis für alle Beteiligten. Doch die Ruhe ist trügerisch.

Spätestens mit dem nahenden Schulalter beginnt dann der staatliche Generalangriff auf die Chancenvielfalt des künftigen Lebens bei fast allen Kindern mit Down-Syndrom. Die Schulbildung und der dabei erreichte Schulabschluss sind entscheidend für die beruflichen Chancen in der Zukunft. Der freie Zugang zu allen Schulformen ist deshalb gesetzlich garantiert. Benachteiligungen darf es auf diesem Gebiet nicht geben. Doch grau ist alle Theorie, sobald sie auf die Wirklichkeit trifft. Vor allem dann, wenn Entscheidungen über die Schulform, die bei den berühmt-berüchtigten Eingangsuntersuchungen getroffen werden, ein Leben lang nachwirken.

Relevant wird die hier gegebene Empfehlung für die Schullaufbahn in erster Linie bei Kindern mit Behinderungen, also auch bei solchen mit Down-Syndrom. Gilt doch diese Chromosomenveränderung in Deutschland als Standardform geistiger Behinderung. Der sogenannte sonderpädagogische Förderbedarf, der also bei der Untersuchung mehr angeordnet als festgestellt wird, dient als verlässlicher Indikator für die letztlich besuchte Schulform. Vor allem aber bestimmt diese Einordnung in den Förderschwerpunkt „Geistige Entwicklung", dass Kinder mit Down-Syndrom überwiegend keinen anerkannten Schulabschluss bekommen. Das wird damit schon manifestiert.

Die Möglichkeiten beruflicher Entwicklung im weiteren Leben sind damit arg begrenzt. Zwar steht es den Eltern frei, auch eine integrative oder gar inklusive Regelschule zu besuchen. Doch auch dieser Wunsch scheitert oft an der Wirklichkeit. Inklusive Schule ist inzwischen für viele Lehrer und auch Eltern zum Fantasiegebilde der Zukunft verkommen. Trotz internationaler Konvention und der Verpflichtung zur verbindlichen Rechtsumsetzung auch in Deutschland. Ohnehin ist auch bei Ergattern eines Regel-Schul-Platzes für die meisten Kinder mit Down-Syndrom nach der Grundschulphase Schluss.

Hiernach geht es überwiegend nur noch in den Förderzentren weiter. Für tausende Kinder vollzieht sich dieser Weg alljährlich und er wird zur Einbahnstraße. Die Chancengleichheit wird für diese Kinder damit auf nahezu Null reduziert. Dabei ist es kaum von Interesse, dass die intellektuelle Bandbreite auch beim Down-Syndrom erheblich ist. Doch die immer noch vorwiegend dogmatische Abwertung dieser Menschen verhindert klare und vor allem menschenrechtskonforme Überlegungen.

Dabei verstehen wir uns als moderner Staat. Niemand darf benachteiligt werden, so steht es in Artikel 3 des Grundgesetzes geschrieben. Das verspricht Chancengleichheit von Geburt an, auch für Menschen mit Handicap. Mehr noch: Die UN-Konvention zur Wahrung der Rechte behinderter Menschen aus dem Jahre 2009 ist auch von Deutschland ratifiziert worden. Damit haben die dort formulierten Grundsätze auch bei uns den Rang rechtlich verbindlicher Normen erlangt.

Den Rückzug auf Kapazitätsengpässe und ähnliche Ausflüchte darf es so gar nicht mehr geben. Erst recht verbietet sich die zwangsweise Einsortierung in Förderschulen. Diese sind ein Gegenmodell zum Inklusionsgedanken, werden aber gern in öffentlicher Diskussion als sog. Schutzraum deklariert. Was natürlich widersinnig sein muss: Schutz vor wem bei Inklusion?

Eine Bildung ohne Einteilungen in Kategorien von Beginn an, Erfolgsverpflichtungen auch für das Lehrpersonal und zeitgemäße Ausstattungen aller Bildungseinrichtungen, ließen uns als Gesellschaft die Denkbarrieren wohl endlich überwinden. Dann wären auch die Übergänge für Kinder mit Down-Syndrom in klassische Ausbildungen wesentlich häufiger und leichter, weil eine wachsende Selbstverständlichkeit auch Betriebe zur Akzeptanz anhalten würde.
Im Umkehrschluss gebe es in der Folge deutlich mehr positive Geschichten über Menschen mit Down-Syndrom. Damit würde auch die Pränataldiagnostik etwas argwöhnischer betrachtet und vielleicht auch restriktiver angewendet werden. Auch zu diesen Gedankengängen kann und sollte der Down-Syndrom-Tag anregen.

6. Vorsorge und Rente

Wenn der Geburtstag zur Datenschutz-Falle wird

Der Geburtstag ist zumeist ein freudiges Ereignis. Auch wenn mit zunehmendem Alter die Zahl am liebsten unterdrückt wird, Gratulationen bleiben gern gesehen. So mancher hofft sogar darauf, dass niemand aus dem nahen Umfeld das Ereignis vergisst. Umso stolzer schwillt die Brust, wenn die lieben Kollegen ihre Aufwartung machen. Noch erhabener wird das Ereignis, wenn sogar der Chef zur Gratulation schreitet.

Doch bei all der Freude darf nicht vergessen werden, dass der Geburtstag ein ganz persönliches Ereignis ist. Über dessen Bekanntgabe und damit auch über die Freigabe aller Zeremonien entscheidet jeder selbst. Alles andere widerspricht dem Datenschutz, der im Datenschutzgesetz (BDSchG) und in der Datenschutz-Grundverordnung (DS-GVO) seine verbindlichen Regeln findet.

Man könnte meinen, Geburtstag und Datenschutz in einen Topf zu werfen, das grenzt an Haarspalterei. Dabei ist dieser Ansatz nichts anderes als der Grundgedanke des Datenschutzes: Meine Daten gehören mir. Den Umgang damit und dessen Umfang bestimme ich autonom.

Nun gehört das Geburtsdatum aber zu den Stammdaten jedes Arbeitnehmers. Diese Daten werden spätestens bei der Einstellung erfragt und gespeichert. Doch die Erhebung, Speicherung und Verarbeitung dieser Daten dient vornehmlich der Durchführung des Arbeitsverhältnisses, vor allem zu Abrechnungszwecken. Dies bestimmt bereits das Bundesdatenschutzgesetz in § 26 Absatz 1 Satz 1 BDSchG. Die Datenschutz-Grundverordnung legt darüber hinaus fest, dass eine Verarbeitung persönlicher Daten untersagt ist, soweit eine Erlaubnis hierfür nicht ausdrücklich gegeben ist (Art. 6 Absatz 1 DSGVO). Darüber hinaus dürfen personenbezogene Daten nur für die von vornherein festgelegten Zwecke verarbeitet werden (Art. 5 Absatz 1 DSGVO).

Die Verwendung des Geburtsdatums zu Gratulationszwecken ist in der Regel nicht zur Durchführung des Arbeitsverhältnisses erforderlich. Ein Verstoß gegen das Prinzip der Zweckbindung kommt ebenfalls in Betracht, wenn Chef und Kollegen verabredungsgemäß zur Zeremonie schreiten. Beschäftigte, denen die Privatsphäre über alles geht, die ihr Alter lieber verschweigen, die eine Sause mit den Kollegen vermeiden wollen oder derlei Floskeln und Aufmerksamkeit schlichtweg ablehnen, all jene können bei derartigen Verstößen zur Tat schreiten. Das wird vor allem für den Chef nicht lustig. Er hat schließlich über die Daten und deren Schutz zu walten.

Was also tun: Auch dafür bietet die DSGVO eine Lösung an. Nach den Regeln des Art. 6 Absatz 1 DSGVO lässt sich eine vorherige Einwilligung von den Beschäftigten einholen. Dabei sind der Zweck, die Offenbarung gegenüber Dritten und die Freiwilligkeit der Zustimmung zu thematisieren. Schließlich ist der Akt der Gratulation auch selbst eine Datenverarbeitung. Da es um persönliche Daten geht, braucht es die vorherige Einwilligung der Betroffenen. Gleiches gilt für die beliebten Geburtstagslisten in Unternehmen. Soweit man sich hier selbst einträgt, gibt man sein

Einverständnis zur Nutzung der Daten für Zwecke der Gratulation ab (Zweckbindung). Wird diese Liste zentral angefertigt, ohne Einwilligung Einzelner, dann bleibt die Sache heikel und ist angreifbar.

Im Übrigen erschöpft sich derlei Vorsicht im Umgang mit persönlichen Daten auch nicht allein am Geburtstag. Ähnliche Ereignisse und Jubiläen, die persönliche Daten Einzelner offenbaren können, bedürfen vor jeglicher Offenlegung grundsätzlich der vorherigen Zustimmung.

Verschmähte Ressource - Generation 50plus

Der demographische Wandel ist allgegenwärtig. In vielen Betrieben und vor allem auch im öffentlichen Dienst wurde die zunehmende Alterung der Gesellschaft lange ignoriert. Nun hinterlässt die veränderte Alterspyramide bereits sehr deutliche Spuren auf dem Arbeitsmarkt. Fehlende personelle Ressourcen sind Erscheinungen, die Unternehmen in ihrer Personalpolitik vor neue Herausforderungen stellen. Doch ein generelles Umdenken ist in der Praxis hierzu immer noch nicht zu verzeichnen. Obwohl viele vakante Stellen inzwischen immer länger unbesetzt bleiben, gibt es bei Personalverantwortlichen weiterhin Vorurteile gegenüber Bewerbern der Generation 50plus. Sobald eine bestimmte Altersgrenze überschritten ist, gelten Menschen hierzulande als zu alt. Ein eklatanter Widerspruch zu allem, was gesunder Menschenverstand und auch die Wissenschaft empfehlen:

In umfangreichen Studien über das kognitive Altern wurde inzwischen wissenschaftlich nachgewiesen, dass die Fähigkeiten mit dem Lebensalter zunehmen und ihren Höhepunkt zwischen dem 55. und 60. Lebensjahr erreichen. In der Lebensmitte entwickelt das Gehirn offenbar neue Stärken. Es vermag die Informationen deutlich besser zu verknüpfen und Unwichtiges schneller auszublenden.

Im Zusammenspiel mit der inzwischen komplex abrufbaren Erfahrung, können so diverse Probleme angegangen und gemeistert werden. Was im Volksmund als Bauchgefühl oder Intuition bezeichnet wird, ist nichts anderes als erworbenes Wissen, das vom Gehirn in unzähligen ähnlichen Situationen getestet und als Musterlösung abgespeichert worden ist. Daneben zählt Bildung zu den besten Indikatoren für den Ausbau der geistigen Fitness, auch noch im mittleren Alter. Die ständige Aneignung von neuem Wissen und dessen praktische Anwendung bleiben unerlässlich.

Doch das alles nützt wenig, wenn man um die fünfzig auf den Modus Müßiggang schalten soll. Denn viele Personalchefs fürchten mangelnde Flexibilität, gesundheitliche Beeinträchtigungen und unrealistische Erwartungshaltungen vor allem bei finanziellen Konditionen. Dabei sind diese Vorbehalte nicht unbedingt ein Abbild der Wirklichkeit. Hier liegen oft arg verschrobene Vorstellungen über die Leistungskurve der Generation 50plus zugrunde. Damit laufen aber auch seit vielen Jahren selbst teure Bundesprogramme ins Leere, die gerade dieser Klientel helfen sollen. Für viele Berufserfahrene endet der berufliche Lebensweg dann leidlich in endlosen Bewerbungstrainings, Selbstfindungskursen oder gar in der Zwangsverrentung.

In einigen Unternehmen hat man inzwischen die Gesamtproblematik der Generation 50plus erkannt:

Es droht schließlich ein gewaltiger Verlust von Know-How, wenn sich ganze Jahrgänge mehr oder minder zwangsweise aus dem aktiven Arbeitsleben verabschieden müssen. Die Fälle, in denen Fachkräfte sehr kostspielig wieder reaktiviert werden müssen, häufen sich gerade in letzter Zeit. Das betrifft auch nicht allein die Privatwirtschaft. Auch bei Kommunen, Ländern und dem Bund als Arbeitgeber hat ein Umdenken eingesetzt. Beispielsweise rekrutiert man in einigen Bundesländern wieder Lehrer, die längst, wenn auch im Rückblick vorschnell, aufs "Altenteil" geschickt worden waren. Doch auch so mancher Kleinbetrieb oder Handwerker könnte auf diesem Wege sein akutes Personalproblem etwas eindämmen.

Durch interessante Angebote können ältere Arbeitnehmer heute gut und langfristig eingebunden werden. Demografieorientiertes Personalmanagement heißt diese Lösung. Sie beinhaltet neben einer gezielten Nachfolgeplanung auch die Einrichtung von Langzeitarbeitskonten, flexible Modelle für Arbeitszeit und Arbeitsorganisation, ein wirksames Gesundheitsmanagement und auch individuell abgestimmte Weiterbildungsangebote. Dieses Engagement kann sich auszahlen, für das Unternehmen insgesamt und für den Nachwuchs im Besonderen. Denn ein Vertreter der Generation 50plus kann zugleich auch ein guter Mentor und Ausbildungspate sein.

Doch derlei Entwicklungen stecken bis heute leider immer noch in den Kinderschuhen. Da wird lieber ausufernd und auf allen Kanälen vom Fachkräftemangel schwadroniert.

Der staatlich gelenkte Zuzug qualifizierter Fachkräfte aus dem Ausland soll plötzlich die alleinige Lösung aller Probleme versprechen. Die Generation 50plus hat deutlich mehr Beachtung und Wertschätzung verdient.

Für und Wider beim Thema Altersteilzeit

Das Regeleintrittsalter für die gesetzliche Rente ist inzwischen auf bis zu 67 Jahre angehoben worden. Nicht jedem gefällt diese Hinauszögerung. Daneben gibt es aber auch noch andere Wege, früher aus dem Erwerbsleben auszuscheiden. Eine Möglichkeit hierfür ist die Altersteilzeit. Arbeitnehmer können die Altersteilzeit in der Regel ab dem 55. Lebensjahr beginnen. Daneben müssen aber noch weitere Voraussetzungen gegeben sein: Der Beginn der gesetzlichen Altersrente liegt noch mindestens drei Jahre in der Zukunft und die letzten fünf Jahre wurden lückenlos in einer versicherungspflichtigen Beschäftigung zurückgelegt. Dann steht einer Altersteilzeit fast nichts mehr im Wege. Es fehlt an nur noch ein Arbeitgeber, der sich zum Abschluss einer entsprechenden Vereinbarung bereit erklärt. Denn einer solchen Vereinbarung bedarf es zwingend.

Hierfür gibt es verschiedene Gestaltungsmöglichkeiten. Beim sogenannten Gleichverteilungsmodell werden Arbeitszeit und Arbeitsentgelt um jeweils 50 Prozent reduziert. Dabei kann die Arbeitszeit auch über die gesamte Dauer der Altersteilzeit verteilt werden. Die Gestaltungsmöglichkeiten reichen also von der klassischen Halbtagsbeschäftigung bis hin zum projektgebundenen Einsatz.

Die beliebteste Art für die Altersteilzeit scheint allerdings das sogenannte Blockmodell zu sein. Dabei gibt es zwei gleich lange Beschäftigungsphasen, die Arbeitsphase und die Freistellungsphase. In der ersten Phase arbeitet der Arbeitnehmer regulär weiter, bezieht aber nur das halbe Gehalt. In der Freistellungsphase arbeitet der Arbeitnehmer dann nicht mehr, bezieht aber weiter das vereinbarte Teilzeitgehalt.

Da der Arbeitgeber bei beiden Modellen lückenlos in die Rentenkasse einzahlt, muss der Beschäftigte in Altersteilzeit kaum Renteneinbußen in Kauf nehmen. Um eine Minderung der Altersrente zu vermeiden, können Arbeitnehmer weiterhin zusätzliche Beiträge zahlen.

Einen Rechtsanspruch auf Altersteilzeit kann man allerdings nicht geltend machen. Eine derartige Vereinbarung mit dem Arbeitgeber ist daher oft auf Basis der Freiwilligkeit zu suchen. Lediglich Tarifverträge und Betriebsvereinbarungen können bindende Regelungen zur Altersteilzeit enthalten.

Wichtig dabei ist, dass die vereinbarte Altersteilzeit lediglich eine Übergangsphase ist.
Das Arbeitspensum wird zwar herabgesetzt, die Altersrente ist aber noch nicht erreicht. Während der Altersteilzeit ist man also weiter Betriebsangehöriger und an vertragliche Vereinbarungen gebunden. So muss man es beispielsweise auch hinnehmen, wenn der Arbeitgeber fordert, in der Altersteilzeit keiner weiteren Tätigkeit nachzugehen. Eine entsprechende Regelung in der Vereinbarung zur Altersteilzeit ist wirksam. Das musste ein Betroffener leidlich bei

einer Entscheidung des Landesarbeitsgerichts Köln erfahren.

In dem verhandelten Fall (Az.: 7 Sa 584/12) hatte ein Mitarbeiter mit seinem Arbeitgeber eine entsprechende Regelung vereinbart.
Danach hat er Anspruch auf das sogenannte Vorruhestandsgeld in der Altersteilzeit, solange er keine Tätigkeit ausübt, die über die Geringfügigkeitsgrenze hinausgeht. Der Mann fühlte sich unangemessen benachteiligt und klagte gegen die Klausel. Ohne Erfolg. Die Regelung benachteiligt den Mitarbeiter nicht unangemessen, sondern sie steht im vollen Einklang mit der Rechts- und Gesetzeslage, entschied das Gericht. Mit der Altersteilzeit soll die Möglichkeit des endgültigen Ausscheidens aus dem Erwerbsleben geschaffen werden. Gleichzeitig soll die Einstellung junger Menschen ohne Arbeit gefördert werden. Deshalb sei an solchen Klauseln nichts auszusetzen.

Ob sich diese Argumentation allerdings auch noch zukünftig aufrecht erhalten lässt, das darf ernsthaft bezweifelt werden. Die Entwicklung am Arbeitsmarkt spitzt sich hinsichtlich eines Mangels an Fachkräften immer weiter zu. Auch immer mehr Senioren verbleiben inzwischen freiwillig und deutlich länger im Berufsleben. Die Begründung des Gerichts entstammt noch einer gänzlich anderen Arbeitsmarktsituation.

Gut zu wissen: Pflegeunterstützungsgeld

Pflegeunterstützungsgeld ist eine der Lohnersatzleistungen, die nur wenigen bekannt ist. Anders lässt sich die Zurückhaltung bei dieser Thematik kaum erklären. Was ist das also, was sich hinter dem etwas sperrigen Namen verbirgt?

Um den eigenen Nachwuchs in den ersten Lebensmonaten liebevoll betreuen zu können, gibt es die Möglichkeit der bezahlten Elternzeit. Bei der plötzlichen Pflegebedürftigkeit eines nahen Angehörigen, sieht das Ganze etwas anders aus. Da hier vordergründig auf die Leistungen aus der Pflegeversicherung abgestellt wird, erfährt das eigene familiäre Engagement nur eingeschränkt Unterstützung. Ein Pflegefall kündigt sich allerdings oft nicht an, er ist plötzlich präsent. Dann gibt es einiges zu organisieren, nicht zuletzt auch, um einen verlässlichen und professionellen Pflegedienstleister zu finden. Nicht jeder kann es sich leisten, die eigene Berufstätigkeit deswegen sofort und ganz aufzugeben. Hier kommt das Pflegeunterstützungsgeld ins Spiel.

Alle Arbeitnehmer haben einen Anspruch auf eine zehntägige Freistellung, wenn in der Familie ein akuter Pflegefall auftritt. Um die Hürden möglichst klein zu halten, werden diese freien Tage direkt beim Arbeitgeber beantragt. Dazu genügt ein kurzes Schreiben zur Darstellung der Situation und mit einem Nachweis zur akuten Pflegesituation. Das Ganze besitzt auch als E-Mail Gültigkeit. Die Größe des Betriebes spielt dabei keine Rolle.

Für die beantragte Zeit, maximal aber 10 Tage, gibt es eine Lohnersatzleistung gemäß § 44a Abs. 3 SGB XI. Dieses Pflegeunterstützungsgeld ist nicht vom zu erwartenden Pflegegrad der betroffenen Person abhängig. Es dient in erster Linie der Organisation künftiger Pflege naher Angehöriger. Neben der Pflege eines pflegebedürftigen nahen Angehörigen in häuslicher Umgebung, wird auch die Betreuung eines pflegebedürftigen minderjährigen Kindes in einem Krankenhaus oder Hospiz einbezogen. Dies gilt auch für die Begleitung von nahen Angehörigen in der letzten Lebensphase.

Daneben bezieht der Rechtsanspruch auf 10-tägiges Fernbleiben von der Arbeit und Gewährung von Pflegeunterstützungsgeld neben Großeltern und Eltern, Schwiegereltern, Ehegatten, Lebenspartnern und Partnern in einer eheähnlichen Gemeinschaft, auch Stiefeltern, Schwägerinnen und Schwager sowie Partner in lebenspartnerschaftsähnlichen Gemeinschaften mit ein. Ebenso sind auch Geschwister, Kinder, Adoptiv- oder Pflegekinder sowie Schwieger- und Enkelkinder als nahe Angehörige anzusehen.

Um das Pflegeunterstützungsgeld erhalten zu können, bedarf es bei Antragstellung einer akuten Pflegesituation. Eine solche ist gegeben, wenn erstmals eine bedarfsgerechte Pflege oder Unterbringung im Heim organisiert werden muss, beispielsweise nach der Entlassung aus dem Krankenhaus oder einer Reha-Klinik. Alternativ besteht eine Akutsituation, wenn sich eine bestehende Pflegebedürftigkeit so verschlimmert, dass der pflegebedürftige Angehörige sofort erst einmal in Eigenregie unterstützt werden muss.

Den Anspruch auf Pflegeunterstützungsgeld haben alle Arbeitnehmer, auch Minijobber und befristet Beschäftigte, soweit es nahe Angehörige betrifft. Keinen Anspruch darauf haben Selbstständige, Beamte und Bezieher von Sozialhilfe oder Arbeitslosengeld.

Das Pflegeunterstützungsgeld beträgt 90 Prozent des ausgefallenen Nettoarbeitsentgelts, ohne Einbeziehung von Einmalzahlungen in den letzten 12 Monaten. Alternativ können 100 Prozent des ausgefallenen Nettoarbeitsentgeltes beansprucht werden, soweit Einmalzahlungen in den letzten 12 Monaten in die Berechnung einbezogen werden. Maximal werden von der Pflegekasse 98,88 Euro pro Tag gezahlt.

Beantragt wird das Pflegeunterstützungsgeld bei der Pflegekasse beziehungsweise der privaten Pflegeversicherung des pflegebedürftigen Angehörigen. Neben dem Antrag bedarf es einer formlosen ärztlichen Bescheinigung zur voraussichtlichen Pflegebedürftigkeit des Angehörigen.
Zusätzlich muss auch eine Entgeltbescheinigung des Arbeitgebers eingereicht werden. Diese sollte die Versicherungsdaten des Antragstellers enthalten und Angaben über etwaige beitragspflichtige Einmalzahlungen.

Renteninformation macht vielfach traurig

Regelmäßig flattert sie ins Haus: die Renteninformation des jeweiligen Versicherers. Nicht jeder widmet diesem Papier Aufmerksamkeit. So mancher hat sich das Interesse daran auch abgewöhnt. Verheißen doch die oft kläglichen Zahlen eine Aussicht, die vielfach einfach traurig stimmt. Zwar kündeten in letzter Zeit die Rentenerhöhungen von einer besseren Zukunft. Doch treffen diese Wohltaten vor allem die derzeitigen Rentner. Nur wenige der zukünftigen Alten werden mit ihrer gesetzlichen Rente auch hinreichend und auskömmlich leben können. Nicht umsonst tummeln sich zunehmend Schlagworte wie Versorgungslücke und Privatvorsorge am Versicherungsmarkt.

Doch derlei Aufstockungen muss man sich auch erst einmal leisten können. In vielen Ballungszentren kommen immer mehr Menschen schon zu Verdienstzeiten nur noch mit mehreren Jobs über die Runden. Ihre Beiträge zur Rentenversicherung sind so gering wie ihr Verdienst. Zusatzversicherungen oft nicht machbar. Damit nimmt das Drama seinen Lauf. Kein Wunder, dass die Post zur Renteninformation dann nur noch ein nerviger Stachel ist. Dabei kann manch einer trotzdem noch „gewinnen". Man muss sich mit dem Thema der Versicherungszeiten lediglich mal eingehend auseinandersetzen. Trotz Wut, Zorn und Tränen.

Jeder Versicherte erhält ab dem 27. Lebensjahr von seinem Rentenversicherungsträger jährlich eine Übersicht.
Die Renteninformation ist zwar lediglich ein informativer Service der Versicherung und auch nicht rechtsverbindlich, dennoch lohnt ein prüfender Blick auf die dort angegebenen Daten. Nicht selten sind Zeiträume unberücksichtigt geblieben, die eine spätere Rente in der Höhe durchaus merklich beeinflussen können. Viele Zeiten bedürfen zur Berücksichtigung auch ausdrücklich eines Antrags.

Die Renteninformation soll den Versicherten einen Überblick über die erworbenen Anwartschaften und die Höhe der künftig zu erwartenden Altersrente geben. Sie wird jährlich an die Versicherten versandt und beinhaltet eine Darstellung der bisher gezahlten Beiträge sowie die Angabe zur Höhe der bislang erworbenen Rentenanwartschaften. Das erfolgt für eine Rente wegen Alters ebenso wie auch für eine Rente wegen voller Erwerbsminderung. Darüber hinaus enthält die Renteninformation eine Hochrechnung der Altersrentenansprüche zum Zeitpunkt des Erreichens der Regelaltersgrenze.

Eine entsprechende Kontenklärung kann jederzeit formlos beantragt werden.
Dabei überprüft die Rentenversicherung das gesamte Versicherungskonto. Eine Lückenschließung ist regelmäßig für Zeiten der Schule, der Ausbildung oder der Kindererziehung mit entsprechenden Nachweisen notwendig. Diese Lebensabschnitte werden in der Regel nicht automatisch ins Rentenkonto übertragen. Hier lassen sich oftmals noch wichtige Rentenpunkte hinzufügen, damit sich das Konto etwas mehr füllt.

Doch abschließend wird das Ganze wieder nüchtern: Bei den in der Renteninformation genannten Beträgen handelt es sich immer um Bruttowerte. Auch das oft strapazierte Rentenniveau ist lediglich ein Bruttowert. Von dem zu erwartenden Rentenbetrag sind noch Beiträge zur Kranken- und Pflegeversicherung abzuziehen, ebenso die mehr oder minder anfallenden Steuern.
Wem also beim Anblick der zukünftigen Altersbezüge vor der Zukunft graust, der hat in dieser Hinsicht einigen Handlungsbedarf.

Nicht jeder wird sich schließlich damit anfreunden können, im Rentenalter weiter zu jobben. Wem allerdings gar nichts einfällt, um das Drama der niedrigen Rente abwenden zu können, der muss wohl in den sauren Apfel der finanziellen Einschränkung beißen. Alternativ könnte man sich auch musizierend bei YouTube oder in der Fußgängerzone ein paar Euro hinzuverdienen. So mancher ist dort schon zum Star geworden und hatte die klägliche Rente gar nicht mehr im Sinn.

Nur auf Antrag: Bonus für die Kinder-Erziehung

Kinder sind wichtig für jede Gesellschaft. Sie sichern deren Fortbestand als zukünftige Generation arbeitender Menschen und auch als Einzahler in die sozialen Sicherungssysteme. Da das Heranwachsen der Kinder aber immer mit einem gehörigen Aufwand an Geld und Zeit verbunden ist, entscheiden sich viele Menschen dagegen. Die Paare, die diese Aufgabe stemmen, verzichten regelmäßig auf viele eigene Egoismen. Nicht zuletzt berufliche Karrieren werden dabei unterbrochen oder sogar beendet.

Das bedeutet neben vielen anderen Entbehrungen auch, dass in der gesetzlichen Rentenversicherung ein gehöriges Loch klaffen kann. Um das im Interesse der Gesamtgesellschaft zu kompensieren, gibt es die Anrechnung der sogenannten Kindererziehungszeiten. Damit erhalten Eltern von vor 1992 geborenen Kindern Entgeltpunkte auf ihrem Rentenkonto für einen Zeitraum von 24 Monaten pro Kind gutgeschrieben, für nach 1992 geborene Kinder beträgt der Zeitraum 36 Monate.

Ein Jahr Kindererziehung bringt fast einen Entgeltpunkt. Das entspricht annähernd dem Rentenanspruch, den ein durchschnittlich verdienender Arbeitnehmer pro Jahr aufbaut. Die so vom Staat eingezahlten Rentenbeiträge für die Erziehungszeiten entsprechen derzeit den Beiträgen eines Versicherten mit einem monatlichen Bruttogehalt von etwa 3000 Euro. Im Fall von Mehrlingsgeburten verlängert sich der Zeitraum entsprechend.

Gutgeschrieben bekommt die Erziehungszeit der Elternteil, der das Kind überwiegend erzogen hat.
Sind das beide Eltern zu gleichen Teilen, wird die Zeit automatisch der Mutter zugeordnet. Soll aber der Vater diesen Ausgleich auf seinem Rentenkonto erhalten, müssen die Eltern in einer gemeinsamen Stellungnahme erläutern, wer genau wann für das Kind die eigene Berufstätigkeit zurückgestellt hat.

Kindererziehungszeiten werden zusätzlich zu zeitgleichen Beitragszeiten aus eigener Erwerbstätigkeit bis zur Beitragsbemessungsgrenze (für das Jahr 2021: monatlich 7.100 Euro in den alten und monatlich 6.700 Euro in den neuen Bundesländern) auf die Rente angerechnet.

Daneben können auch sogenannte Berücksichtigungszeiten für die ersten 10 Lebensjahre des jeweiligen Kindes geltend gemacht werden. Kinderberücksichtigungszeiten haben zwar keine direkte Wirkung auf die Rentenhöhe. Allerdings können sie zu einer günstigeren Bewertung anderer Zeiten und somit auch zu einer höheren Rente führen. Außerdem tragen sie zur Erfüllung verschiedener Wartezeiten bei, zum Beispiel in Fällen vorzeitiger Altersrente an langjährig Versicherte.

Inzwischen erhalten zwar alle Eltern Neugeborener auch sehr schnell nach der Geburt des Kindes von ihrer Rentenversicherung Post, wo sie auf diese Möglichkeiten der Rentenanpassung hingewiesen werden. Für alle anderen Generationen heißt es allerdings, das Thema selbst in die Hand zu nehmen. Den Bonus für Kindererziehungszeiten und Berücksichtigungszeiten gibt es nur auf ausdrücklichen Antrag auf entsprechendem Vordruck. Dort müssen die entsprechenden Erklärungen verbindlich abgegeben werden. Der erforderliche Nachweis erfolgt mittels Geburtsurkunde der jeweiligen Kinder.

Für und Wider die Betriebsrente

Immer mal wieder gibt es Stimmen in der Politik, die eine Betriebsrente für alle Arbeitnehmer zur Pflicht machen wollen. Damit verspricht man sich einen wirksamen Schutz vor drohender Armut im Alter. Danach sollte künftig jeder neu abzuschließende Arbeitsvertrag an eine verbindliche Entgeltumwandlung zugunsten einer Betriebsrente gekoppelt werden. Eine solche Zwangs-Betriebsrente wird es wohl mit Rücksicht auf das Grundgesetz und auf das System der Sozialversicherung auch in naher Zukunft nicht geben. Dennoch ist man mit dem Betriebsrentenstärkungsgesetz (BRSG) dem Ziel deutlich näher gekommen. Seit Januar 2018 besteht danach die Möglichkeit, eine betriebliche Altersversorgung per Tarifvertrag in den Unternehmen einzuführen.

Das erforderte allerdings auch, zugunsten der Arbeitgeber Beschränkungen hinsichtlich der Beitragshaftung festzulegen.
Künftig können auf tariflicher Grundlage also nur reine Beitragszusagen eingeführt werden. Der Arbeitgeber ist dann lediglich verpflichtet, diesen Beitrag an die jeweilige Versorgungseinrichtung abzuführen. Die ehemals üblichen Mindestleistungen oder gar eine Garantiesumme sind für die Zukunft ausgeschlossen. Der Arbeitgeber muss lediglich für die eingebrachten Beiträge einstehen, nicht aber für deren Rendite.

All das sollte eigentlich dazu dienen, die aktuelle Zahl der Vorsorgeverträge deutlich zu erhöhen. Doch der erwünschte Effekt steht weiterhin aus. Seit Jahren stagniert die Zahl der Verträge. Momentan verfügen lediglich knapp 60 Prozent aller Beschäftigten in Deutschland über eine Vereinbarung zur Betriebsrente mit ihrem Arbeitgeber.
Vor allem in kleineren Betrieben ist die Betriebsrente immer noch kein Thema.

Der dafür erforderliche bürokratische Aufwand ist vielen Unternehmen einfach zu groß. Die anhaltende Tarifflucht vieler Betriebe bestätigt die Tendenz. Allerdings zeigt die gegenwärtige Entwicklung bei der Betriebsrente auch, dass eine große Gruppe der Beschäftigten auf diese Ansparmöglichkeit freiwillig verzichtet. Auch dafür gibt es gute Gründe.

Bei der Entgeltumwandlung zahlen Beschäftigte einen Teil ihres Bruttoeinkommens ohne gesetzliche Abzüge in die betriebliche Altersvorsorge ein. Während der Beschäftigungszeit ist dies von Vorteil, da dadurch die Beiträge zur

Renten- und Krankenversicherung sinken. Dies verkehrt sich bei der Auszahlung der Betriebsrente aber ins Gegenteil. Die Betroffenen erhalten dadurch eine geringere gesetzliche Rente. Zusätzlich wird die Betriebsrente noch versteuert und auch Sozialabgaben fallen in voller Höhe an. So gehen von der Ansparsumme fast 50 Prozent durch Abzüge verloren. Dieser Umstand ist nicht geeignet, um für eine Entgeltumwandlung im großen Stile zu werben.
Da gibt es sicher bessere Möglichkeiten, um bei Renteneintritt nicht in Armut zu verfallen.

Hinzu kommt auch für viele Großunternehmen, dass mit dem momentan niedrigen Zinsniveau keine hohen Renditen am Kapitalmarkt erzielt werden können. Die sonst gewinnträchtig gehandelten Papiere erlauben heute kaum noch sichere Ertragszusagen. Da Altverträge aber nur schwer geändert werden können und bereits laufende Renten gar keine Änderung erfahren dürfen, müssen fest bisher zugesagte Verzinsungen oft aus dem laufenden Geschäft bezahlt werden. Das ist für manchen Betrieb schon jetzt ein gewaltiger Kraftakt. Dass für Neuverträge künftig feste Ertragszusagen für das eingezahlte Entgelt generell nicht mehr zulässig sind, klingt auch nicht gerade attraktiv. Dabei sind all diese Widrigkeiten seit langem hinlänglich bekannt.

Statt die Problematik allein auf die Schultern von Betrieben und Arbeitnehmern zu verschieben, bedarf es attraktiver Rahmenbedingungen. Wenn endlich begriffen wird, dass die Akzeptanz der Betriebsrtente das eigentliche Problem ist, dann muss zukünftig über die Spareffekte und wohl auch über steuerliche Entlastungen sehr intensiv nachgedacht werden. Ansonsten ist die reine Entgeltumwandlung kein Zukunftsmodell zur finanziellen Absicherung im Alter.

Verstaubt: Aufbewahrungsfristen für Unterlagen

Digitalisierung ist das Schlagwort unserer Zeit. Alles Zukünftige und Neue wird begrifflich gern darunter eingeordnet. Manchmal auch ohne Überlegung und mit überaus lückenhaftem Sachverstand. Nichtsdestotrotz greift die Entwicklung der totalen Vernetzung Raum. Doch in manchen Bereichen des Lebens kommen diese Entwicklungen so gar nicht an. Beispielsweise müssen heute und in Zukunft noch Belege und Unterlagen in Papierform über viele Jahre aufbewahrt werden, weil nur sie als Nachweis längst vergangener Abläufe anerkannt werden.

Wer sich also zu Beginn des neuen Jahres damit beschäftigen will, seine Unterlagen zu sortieren und dabei auch kräftig auszumisten, der sollte ein paar Regeln kennen. Für viele Unterlagen gibt es gesetzliche Aufbewahrungsfristen. Für andere Belege kann die Archivierung über einen bestimmten Zeitraum von Vorteil sein. Wer hier schludert, dem könnte über kurz oder lang gehöriges Ungemach drohen.

So sind existenziell wichtige Unterlagen wie Geburts- und Heiratsurkunden, Sterbeurkunden von Angehörigen, Schulzeugnisse, Studienunterlagen, Berufsabschlüsse, Arbeitszeugnisse, aktuelle Versicherungspolicen und notarielle Verträge lebenslang aufzubewahren. Mindestens bis zum Empfang der eigenen Rente hingegen sollten Gehaltsabrechnungen, Arbeitsverträge, Rentenversicherungsnachweise, Nachweise über Zeiten der Arbeitslosigkeit und Arbeitsunfähigkeit aufbewahrt werden.

Bei Belegen und Unterlagen, die für die Steuererklärung Relevanz besitzen, genügt in der Regel eine Aufbewahrung, bis der jeweilige Steuerbescheid Bestandskraft erlangt. Allerdings kann das Finanzamt auch noch zehn Jahre rückwirkend steuerrelevante Belege fordern, falls der Verdacht auf eine Steuerhinterziehung besteht. Wer auf Nummer sicher gehen will, sollte alle hierfür relevanten Unterlagen auch über diesen Zeitraum vorhalten.

Für Unternehmer und Freiberufler gilt ohnehin eine zehnjährige Aufbewahrungsfrist für alle Organisationsunterlagen und Buchungsbelege. Die Aufbewahrungsfrist beginnt aber erst mit dem Schluss des Kalenderjahres, in dem die Buchhaltung abgeschlossen wird. In der Regel also ein Jahr nach Ablauf des jeweiligen Wirtschaftsjahres. Sechs Jahre hingegen müssen die geschäftliche Korrespondenz, Lohnunterlagen, Aufträge, Kreditverträge, Mietverträge, Versicherungspolicen und Geschäftsbriefe aufbewahrt werden. Bei privaten Einkäufen müssen die Unterlagen solange aufbewahrt werden, wie die Garantiezeit läuft. In der Regel also zwei Jahre. Das gilt auch für Rechnungen, die mögliche Gewährleistungsansprüche aus Handwerkerleistungen eröffnen. Übrigens ist der Kontoauszug als Beweis für einen Kauf oder die bezahlte Leistung des Handwerkers ebenso geeignet. Man muss also nicht jede Quittung archivieren.

Damit sind nicht nur die am Auszugsdrucker gezogenen Kontobelege gemeint. Auch der selbst erstellte Ausdruck vom elektronischen Pendant wird inzwischen von den Finanzämtern, zumindest bei Privatpersonen, als Beleg anerkannt. Sollte ein Kontoauszug aus der Vergangenheit nicht mehr auffindbar sein, so kann dieser gegen ein Serviceentgelt beim entsprechenden Kreditinstitut angefordert werden. Die Banken unterliegen nämlich auch einer Aufbewahrungspflicht für Unterlagen. Hinsichtlich der Kontoauszüge ihrer Kunden sind das immerhin 6 Jahre.

Auch bei Unternehmen und Freiberuflern erkennt das Finanzamt den Ausdruck elektronischer Kontoauszüge und Rechnungen an. Diese müssen jedoch zusätzlich in elektronischer Form aufbewahrt werden. Der selbständig erstellte Ausdruck allein genügt hier nicht. Alle Kontobewegungen und Daten müssen also gespeichert und auch gegen Verlust gesichert werden. Wer nicht die Möglichkeit zur elektronischen Aufbewahrung hat oder wem dies zu aufwendig erscheint, der kann auch weiterhin seine Kontoauszüge per Post anfordern. Für Privatpersonen gibt es eine solche zusätzliche elektronische Aufbewahrungspflicht nicht.

* * *